SDGsを実現する 2030年の仕事 未来図

1巻 人を守る・楽しくさせる仕事

著 SDGsを実現する2030年の
仕事未来図編集委員会

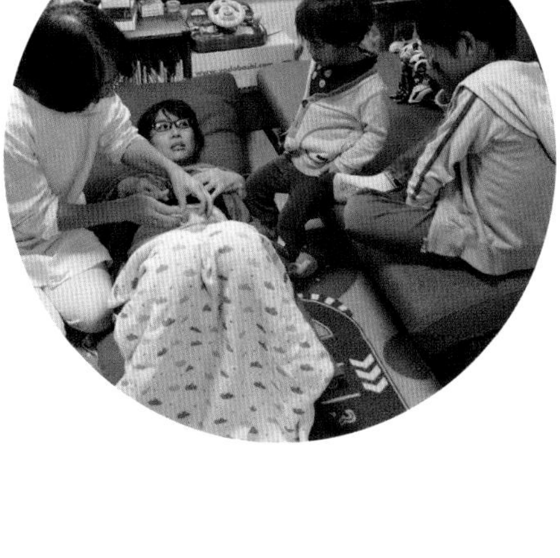

あなたへのメッセージ

あなたは、未来の自分がどんな仕事についているか、想像《そうぞう》してみたことはありますか。未来の自分に思いをめぐらせること、社会のなかで活躍《かつやく》する自分を想像することは、10年後20年後の自分と社会のかかわりを考えてみることにつながります。あなたが子どもから大人に近づきつつある証拠《しょうこ》です。

あなたは、どんな仕事に就《つ》きたいと思っていますか？　具体的な職業《しょくぎょう》はわからなくても、自分に合った仕事をしたい、自分を生かせる道に進めたらよいと考えていることでしょう。そして多くの人が、人によろこばれる仕事に就きたいと思っているようです。

「仕事未来図」シリーズは、自分たちがくらす社会をよりよくしていきたいと考え、新しい仕事に挑戦《ちょうせん》している多くの人と仕事を紹《しょう》介《かい》しています。「だれ一人取り残さない社会」をつくるための仕事として、「SDGs《エス・ディー・ジーズ》（持続可能《かのう》な開発目標）」の17のゴールに合わせて分類しています。

あなたの興味《きょうみ》や関心をひくような仕事があるでしょうか。この本が、あなたが自分の未来の仕事を想像するときのヒントになってくれたらうれしいです。

執筆者《しっぴつしゃ》一同

この本の構成《こうせい》

1章 先進的な仕事をしている人々《ひとびと》

　現在《げんざい》、日本や世界で未来につながる仕事をしている人々《ひとびと》や会社などを取り上げました。この巻《かん》ではSDGsのゴール１から６にかかわる、「人を守る・楽しくさせる」ための先進的な仕事をしている人々が登場します。また、人物漫画《まんが》では、過去《かこ》に大事な仕事をした人を紹介《しょうかい》しました。

SDGsのゴールから未来の仕事を考えてみよう

　SDGsのゴール１から６までの目標をイラストで表現《ひょうげん》しました。よりよい社会をつくるための仕事を考えてみましょう。

2章 未来仕事図鑑《ずかん》

　未来に向かってさらに発展《はってん》した仕事、現《あらわ》れるかもしれない仕事や新しい技術《ぎじゅつ》を考えて、「想像図《そうぞうず》」を描《えが》いてみました。この本を読みながら、10年後やさらに未来に、どのような仕事や技術が現《あらわ》れてくるのか考えると楽しいですよ。

【資料《しりょう》】SDGs（持続可能《かのう》な開発目標）

　SDGsのゴール１から６までの内容《ないよう》と主なターゲット（小目標）の解説《かいせつ》です。

1章　先進的な仕事をしている人々《ひとびと》

もくじ

2章　未来仕事図鑑《ずかん》

製品開発 電気のない地域《ちいき》に電気をレンタル！
——夜を明るくし、スマホの充電《じゅうでん》もOK

▲レンタルしたランタンの明かりで勉強するタンザニアの子ども。

秋田智司《あきたさとし》さんは、2013年にWASSHA《ワッシャ》という会社をつくって、アフリカのタンザニアを中心に電気が通っていない未電化地域《ちいき》で充電《じゅうでん》したLEDランタンをレンタルする事業をしています。

タンザニアではスマホを持っている人が多いのですが、未電化地域が多いので、１時間以上もかけて電気の通っている場所まで行って充電するのが不便でした。

これまでは、発電所や送電網《そうでんもう》を整備《せいび》してそこから電線をひいて電気を使えるようにする、という方法でしたが、広い地域に人が散らばって住んでいるアフリカの農村部では無理がありました。そこで、ランタンのレンタルという形を考えました。「電気の量り売り」が可能《かのう》になったことで、未電化地域でもスマホの充電や、夜、本を読んだり、暗くなってからも店の営業《えいぎょう》ができるようになりました。

＊ランタン… どこかに掛《か》けたり、手でぶら提《さ》げたりして使用する照明器具。

専用《せんよう》のスマホアプリで電気のレンタルを可能《かのう》に

タンザニアには「キオスク」と呼《よ》ばれる日用品を売っている小さなお店がたくさんあります。秋田さんたちはキオスクのお店の人にLEDランタンと発電するための太陽光パネル、料金を払《はら》ってもらうための専用のアプリを入れたスマホを無料で貸《か》し出《だ》しました。お店の人は充電《じゅうでん》したランタンをお客さんに１泊《ぱく》２日（レンタル料約25円）で貸し出します。

ランタンは充電されていてもロックがかかっています。お客さんがスマホでお金を払うとキオスクの人がロックを解除《かいじょ》するしくみです。

明かりに灯油ランプを使うと１日30円程度《ていど》かかります。それより安く、スマホの充電もできるランタンを使う人が急速に増《ふ》えました。

◀ランタンを充電《じゅうでん》して貸《か》し出《だ》すキオスク。このランタンはスマホの充電もできます。

アフリカの人と一緒《いっしょ》に、現地《げんち》の人の役に立つことを仕事にする

▲タンザニアのオフィス。

学生のころ、アフリカで出会った青年に「いつか自分で会社をつくり、村の人たちと何か新しいことをやりたい。お前も一緒《いっしょ》にやるか？」と言われた秋田さん。援助《えんじょ》する側、される側ではなく、現地《げんち》の人と一緒に仕事をしたいと思ったそうです。

WASSHA《ワッシャ》では、キオスクのお店の人がビジネスパートナーです。また、社員の多くはタンザニア人です。秋田さんは、タンザニアの人たちと一緒に、ちゃんとお金をもうけながら、収入《しゅうにゅう》が少ない人の生活環境《かんきょう》をよくすることを実現《じつげん》させることができました。

電気をレンタルするというアイデアは、アフリカの電気会社の人の発案だったそうだよ。

エアコンも使うときだけ使える事業

WASSHA《ワッシャ》の事業のやり方には日本の多くの企《き》業《ぎょう》も関心を持っています。2019年からは、ダイキン工業と共同で、タンザニアの電気が通っている地域《ちいき》でエアコンを使いたいときにお金を払《はら》って使えるようにする事業の実験を進めています。

エアコンは貸《か》し出《だ》されるので、買う必要はありません。また省エネ性能《せいのう》の高いエアコンで電気代も低くおさえることができます。WASSHAの技《ぎ》術《じゅつ》を使って、LEDレンタルとおなじように、スマホでお金を払うとパスコードが送られてきて、リモコンが使えるようになるしくみを開発中です。

アフリカの未電化地域《ちいき》に住む人は6億人と考えられているんだ。でもケニアやタンザニアでのスマホの普及《ふきゅう》は進んでいる。秋田さんは「アフリカ流の発展《はってん》のかたち」があるはず、と考えているんだよ。

LED ランタンを充電《じゅうでん》する電気は、キオスクの屋根につけた太陽光パネルで発電するんだって。自然エネルギー100%の電力だね。

▲ランタンの明かりで夜も店が営業しています。

（写真提供:WASSHA株式会社）

NPO活動 安心できるくらしを取《と》り戻《もど》したい！

──ホームレス状態《じょうたい》の人をサポートする

NPO法人（特定非営利活動法人《とくていひえいりかつどうほうじん》）TENOHASI《てのはし》の事務局長《じむきょくちょう》として、清野賢司《せいのけんじ》さんは、ホームレス状態《じょうたい》の人の生活支援《しえん》に奔走《ほんそう》しています。

中学の先生として社会科を教えていた清野さんは、2002年に中学生がホームレスの男性《だんせい》を襲撃《しゅうげき》して殺《ころ》してしまった事件《じけん》をきっかけに、「自分が教えている生徒がやってもおかしくなかった」と、ホームレスの問題を身近に感じて授業《じゅぎょう》でホームレス問題を取り上げたことからTENOHASIの活動にかかわるようになりました。

清野さんは中学校教師《きょうし》を辞めて、2017年からTENOHASIの活動に専念《せんねん》するようになりました。

◀▲月２回の食料配布《はいふ》は、平均《へいきん》して１回に 230 人、１年で約 5,600 人の人に食料を手渡《てわた》します。同時に衣類の配布、医療《いりょう》相談、生活相談なども行います。

一人一人に合わせた支援《しえん》

TENOHASI《てのはし》では、ホームレス状態《じょうたい》となった人が安心できる生活を取《と》り戻《もど》すために必要なさまざまなことを行っています。

毎月2回、公園で炊《た》き出《だ》しを行ってきました。2020年には新型《しんがた》コロナウイルス感染拡大《かんせんかくだい》で弁当《べんとう》の配布《はいふ》に変更《へんこう》しました。毎週水曜日夜には、路上などに寝《ね》ている人におにぎりと支援情報《しえんじょうほう》を書いたチラシを配りながら、医療《いりょう》相談や生活相談を行っています。

このほか、一時的に入居《にゅうきょ》できるシェルターも運《うん》営《えい》しています。生活保護申請《ほごしんせい》に同行したり、アパート探《さが》しや賃貸契約《ちんたいけいやく》や金銭《きんせん》管理、孤立《こりつ》しないための訪問《ほうもん》など、一人一人に応《おう》じたさまざまな支援もしています。

▲生活相談コーナー。

住所と携帯《けいたい》電話がなければ、仕事につくことはまずできないんだよ。いちど住まいを失ってしまったら、そこから自力で抜《ぬ》け出《だ》すことはとても大変なんだ。

「ホームレス」とは？

TENOHASI《てのはし》では、さまざまな理由から住む家を失って、路上やネットカフェ、ファーストフード店、友だちの家などに寝泊《ねと》まりしている「居場所《いばしょ》を失った（失いつつある）」すべての人がホームレス状態《じょうたい》にある＝「ホームレス」と考えています。

「ホームレス」になる事情《じじょう》はさまざまです。派遣《はけん》の仕事を解雇《かいこ》されて次の仕事が見つからない、家が貧《まず》しくて高校中退《ちゅうたい》でアルバイトを転々《てんてん》としている間に病気になって家賃《やちん》を払《はら》えなくなったなどや、障《しょう》がいなどから実家でくらしていた人が、親の死などなんらかの理由で家をなくしたという場合もあります。

最近は、駅の構内《こうない》の平らな面にでこぼこの突起物《とっきぶつ》がつけられたり、ベンチに仕切りがつけられたりしていて、「ホームレス」の人の居場所がどんどんなくなっています。そのため、ホームレス状態のほとんどの人は、日中は働いたり歩き回ったりしています。

TENOHASIの拠点《きょてん》である東京都の池袋《いけぶくろ》で多い「仕事」は、派遣や日雇《ひやと》い、アルミ缶《かん》を集めてリサイクル業者に売ること、読《よ》み捨《す》てられた雑誌《ざっし》を拾い集めて露天商《ろてんしょう》に売ることだそうです。

ハウジングファースト

ホームレス状態《じょうたい》の人の支援《しえん》では、住まいの確保《かくほ》を最優先《さいゆうせん》するべき、というのが「ハウジングファースト」の考え方です。「住まいは基本的人権《きほんてきじんけん》」と考え、自分のペースとスタイルでくらせる住まいを提供《ていきょう》し、生活がつづけられるように地域《ちいき》の支援団体《だんたい》が連携《れんけい》してサポートします。

ホームレス状態の人にとって、安心してくらせる住まいを得《え》ることはゴールだと思われてきましたが、住まいを先に安定させるほうがよりよい結果を生むことが分かってきています。

TENOHASI《てのはし》はハウジングファーストに取り組んでいます。

▲夜回りで駅の構内で休んでいる人に声をかける清野《せいの》さん。

でこぼこの突起物《とっきぶつ》がつけられたスペース

仕切りのついたベンチ

▶ TENOHASI《てのはし》が管理する「ホームレス」の人が一時的に入居できる部屋（シェルター）。

（写真提供:TENOHASI）

食品会社 昆虫食《こんちゅうしょく》で飢餓《きが》のない世界に！

――食用こおろぎの養殖《ようしょく》・加工・販売《はんばい》

国連によると、世界の人口は2100年まで増加する見こみです。そのため食糧問題《しょくりょうもんだい》が今後の課題となっていますが、そこで注目されているのが昆虫食《こんちゅうしょく》です。

松居佑典《まついゆうすけ》さんと西本楓《にしもとふう》さんは、こおろぎを養殖《ようしょく》して加工した食品を製造《せいぞう》、販売《はんばい》する株式会社《かぶしきがいしゃ》BugMo《バグモ》を立ち上げました。

粉末《ふんまつ》にしたこおろぎを加工したプロテインバーや「だし」などをつくっています。原型《げんけい》がわからない形にすることで、昆虫《こんちゅう》を食べることへの抵抗《ていこう》をさげて、たくさんの人に食べて欲《ほ》しいとの思いからです。

「こおろぎの養殖システムと、おいしくて機能的《きのうてき》な食品の普及《ふきゅう》ができれば、だれも傷《きず》つかない新しい食のシステムができる」と松居さんと西本さんは考えています。

（松居さんたちは生物としてのコオロギは「コオロギ」、食べ物としては「こおろぎ」と表記しています）。

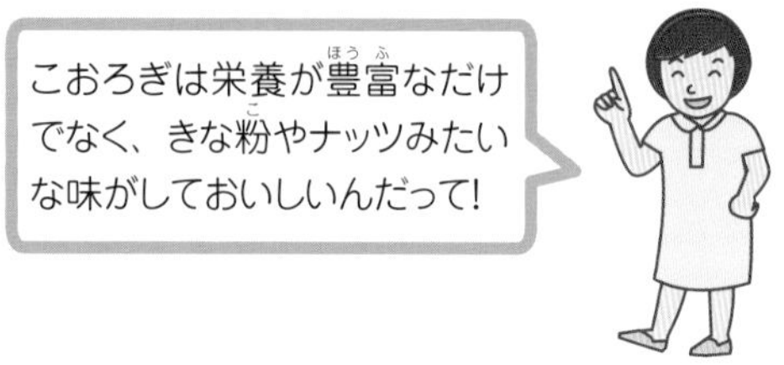

先進国の人も途上国《とじょうこく》の人も幸せに

松居《まつい》さんは、以前訪《おとず》れたカンボジアで先進国の畜産飼料《ちくさんしりょう》の生産のために熱帯雨林が伐採《ばっさい》されているのを目にしました。一方、先進国は海外からの飼料が途絶《とだ》えれば畜産ができなくなります。「今の畜産のあり方は、先進国と途上国《とじょうこく》、どちらの食の安全も保障《ほしょう》していない」と、地域《ちいき》の資源《しげん》で養殖《ようしょく》できる昆虫食《こんちゅうしょく》を広めたいと思ったそうです。

西本さんは、アフリカのウガンダで、小学校の給食に肉が出るのは月に１回１片《ぺん》だけ、という現実《げんじつ》を目にします。「現地にこおろぎの養殖システムを導入《どうにゅう》すれば、他国からの支援《しえん》にたよらずに、おいしくて、栄養があって、安い食材をつくることができる」と将来《しょうらい》の展望《てんぼう》を語ります。

▲こおろぎの成分からつくったプロテインバー。

◀こおろぎの成分からつくった「だし」。昆虫《こんちゅう》はバランスのいい栄養成分を持っています。

（写真提供:株式会社BugMo）

投資型《とうしがた》クラウドファンディングで資《し》金《きん》を集めて本格的《ほんかくてき》に養殖《ようしょく》を始める

BugMo《バグモ》は、2021年6月、投資型《とうしがた》クラウドファンディングで3500万円の資金《しきん》を調達。兵庫県の神河町《かみかわ》と契約《けいやく》をかわして、休校になった小学校・幼稚園《ようちえん》の施設《しせつ》を利用して、食用こおろぎ養殖《ようしょく》システムの開発や食品の研究開発を始めています。

周辺の農家や地元の食品加工会社と連携《れんけい》して、農家で出る野菜くずや米ぬかなどの食材の残りものをエサに、食品加工工場から出る廃熱《はいねつ》を養殖場の温度調整に利用する計画です。

エサや水やりを自動化した養殖システムで、2025年までに食用こおろぎの生産を本格化させる計画です。

▲生産ファームを設置《せっち》する旧川上《きゅうかわかみ》小学校の体育館。

クラウドファンディングは、インターネットでやりたいことを発表し、賛同《さんどう》した人から広く資金《しきん》を集めるしくみ。その中の投資型《とうしがた》クラウドファンディングとは、株式《かぶしき》会社《がいしゃ》が企画《きかく》を提案《ていあん》し、資金を出した人はその会社の株式を得《え》るものなんだ。

国連も期待を寄《よ》せている昆虫食《こんちゅうしょく》！

国連食糧農業機関《こくれんしょくりょうのうぎょうきかん》（FAO）は、2013年に食糧問題の解決策《かいけつさく》のひとつとして昆虫食《こんちゅうしょく》を推奨《すいしょう》する報告書《ほうこくしょ》を公開しました。

世界で動物性《どうぶつせい》たんぱく質《しつ》の需要《じゅよう》が増《ふ》えているうえに、2030年には世界の人口が90億人になる見こみです。家畜《かちく》生産には大量の飼料《しりょう》（大豆や穀物《こくもつ》）と水が必要です。環境《かんきょう》に対する負荷が高いので、今まで以上に家畜生産が増えると環境破壊《はかい》が心配されています。その点、昆虫は変温動物なので肉変換率《にくへんかんりつ》が高く（大きくなるために必要なエサの量が少ない）、水も少なくてすみます。

牛とコオロギの環境《かんきょう》に与《あた》える影響《えいきょう》の比較《ひかく》

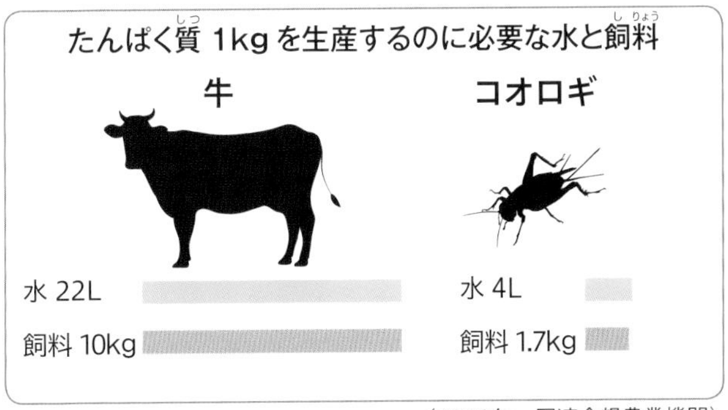

（2013年　国連食糧農業機関）

たんぱく質、微量栄養素《びりょうえいようそ》を多く含《ふく》み、栄養価《えいようか》が高く、栄養不足の子どものための栄養補助食品《えいようほじょしょくひん》としても活用できます。

以上のようなことから、FAOでは今後昆虫食が普及《ふきゅう》していくと考えています。

▲西本さんは、ウガンダの小学校の給食の貧《まず》しさに衝撃《しょうげき》を受けたことが、昆虫食《こんちゅうしょく》に興味《きょうみ》を持つきっかけになりました。

青果店経営 野菜を捨《す》てずに食品ロス解消《かいしょう》！

――規格外《きかくがい》の野菜や果物をパウダーやドライフルーツに

千葉県いすみ市で青果卸《せいかおろし》（野菜や果物を小売店に販売《はんばい》する）をしている石井青果《いしいせいか》の石井洋《いしいひろし》さん。長年、食品としての品質《ひんしつ》は十分なのに、「規格外《きかくがい》」とされる野菜や果物が家庭まで届《とど》かずに農家や市場で捨《す》てられることが多いことに心を痛《いた》めていました。食品ロスの問題がクローズアップされる中、石井さんは食品加工事業に乗り出しました。

つくるのは規格外の野菜や果物100％の加工品です。全国から規格外の野菜を買い取って、パウダーやドライフルーツ、ピューレなどを製造《せいぞう》し、「ナチュLABO《ラボ》」というブランド名で販売しています。

日本の食品ロスと廃棄《はいき》の割合《わりあい》

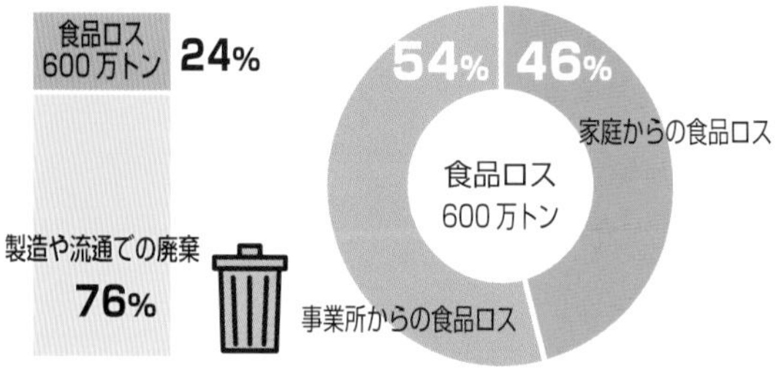

（消費者庁2018年度推計値より）

パウダーは、パンやクッキー、アイスクリームなどお菓子《かし》のほか、麺《めん》に練《ね》り込《こ》んで使うんだって。色がきれいでおいしそうだね！

(左)：ムラサキイモ、ホウレンソウ、ビーツ、カボチャ、レンコン、ニンジンなどたくさんの種類がある野菜 100％のパウダー。
(中)：果物を半液体状《はんえきたいじょう》にしたフルーツピューレ。
(右)：ナチュ LABO《ラボ》の野菜パウダーを使ったパン。

（写真提供:石井青果）

野菜の規格《きかく》とは

お店にならぶ野菜や果物は、どれも形や大きさがだいたいそろっています。それは、産地ごとに規格《きかく》が決められているからです。たとえば、ある産地のキュウリは、長さでは、16～19㎝はＳ、19～21㎝はM、という具合に３㎝単位で決められているほか、曲がりの程度《ていど》はSは１㎝以内、Ｍ以上は1.5㎝以内など細かく定められています。

規格《きかく》が決められるようになったのは、野菜を長距離輸送《ちょうきょりゆそう》することが一般的《いっぱんてき》になってきた 1970 年代。流通のために考えられたんだ。今ではまがった野菜などは売れにくくなっていて、規格外のものがお店に並《なら》ぶことはあまりないよね。

出産介助 自宅《じたく》で安心して出産を

──「いつも生活している環境《かんきょう》」での自然な出産をサポート

渡辺愛《わたなべあい》さんは、女性の出産をサポートする助産師《じょさんし》です。これまでに300人以上の出産をサポートしてきました。ほとんどの女性《じょせい》が医療《いりょう》機関で出産するなか、「多様な産み方の選択《せんたく》肢《し》を残したい」と2011年につむぎ助産院を開設《かいせつ》しました。

助産院では、家庭的な雰囲気《ふんいき》の中、妊婦《にんぷ》さんはリラックスできる畳《たたみ》の部屋でだれにも気がねすることなく、家族も一緒《いっしょ》に、渡辺さんに見守られつつ赤ちゃんを産むことができます。

さらにリラックスして出産できるのが自宅《じたく》です。渡辺さんは自宅出産もサポートしています。いつも過《す》ごしている場所での妊婦さんと赤ちゃんのペースに合わせた自然なお産（出産）では、家族のくらしの中に命の誕生《たんじょう》があり、赤ちゃんは生まれたときから家族に囲《かこ》まれます。

安全なお産にむけて準備《じゅんび》

渡辺《わたなべ》さんは妊娠《にんしん》中から妊婦《にんぷ》さんの相談にのったり、妊婦健診《けんしん》をとおして妊婦さんとお腹《なか》の中の赤ちゃんの様子を何カ月もかけて把握《はあく》していきます。妊婦さんは医療《いりょう》機関でも健診を受け、その健診結果も、渡辺さんにとって重要な情報《じょうほう》となります。

時間をかけて、妊婦さんとていねいに信頼《しんらい》関係をつくり、「出産という山頂《さんちょう》を目指して」こつこつと準備《じゅんび》を進めていきます。

▼今回初めて自宅《じたく》出産に臨《のぞ》む蜂須賀久代《はちすかひさよ》さん。子どもたちもいる中での健診《けんしん》です。写真右の２人の子どもたちは渡辺《わたなべ》さんの助産院で生まれました。

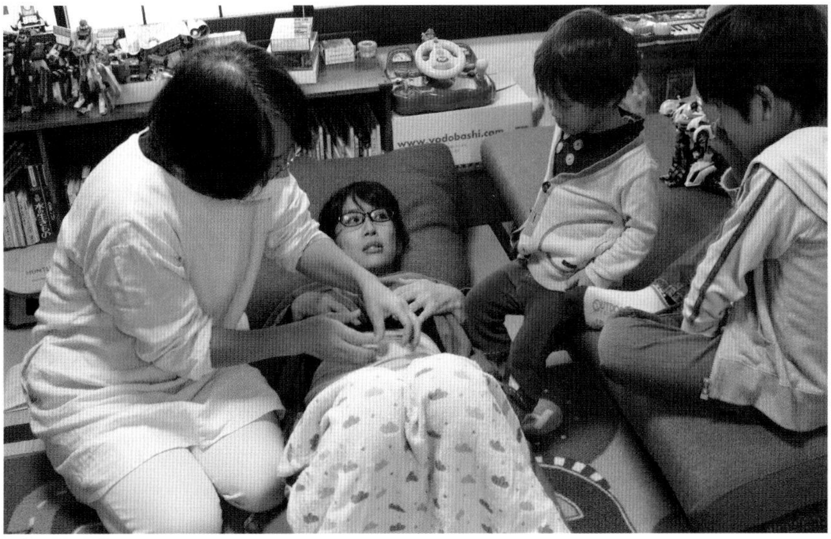

（写真撮影:平山哲雄）

お産の進み方ー赤ちゃんの誕生《たんじょう》まで

赤ちゃんが生まれるときは、数時間～12時間程度《ていど》、陣痛《じんつう》と呼《よ》ばれる痛《いた》みが間隔《かんかく》をおいて続く期間（分娩《ぶんべん》第１期）を経《へ》て、そこから１～3時間くらいかけて、赤ちゃんが子宮から外に出てきます（分娩第２期）。

陣痛もとても痛いですが、赤ちゃんが出てくるときはもっと痛くなります。医療《いりょう》機関では、妊婦《にんぷ》さんは分娩第２期になると分娩台に移動《いどう》して赤ちゃんを産みます。一方、助産院や自宅《じたく》では、妊婦さんは部屋を移動することなく出産します。

▼渡辺さんが使ってる道具の例。（上）胎《たい》児《じ》の心拍数《しんぱくすう》を測《はか》る最新式の胎児心拍モニター。お腹《なか》の中の赤ちゃんの心拍数を測ります。（下）助産師《じょさんし》になったころから使っている道具。

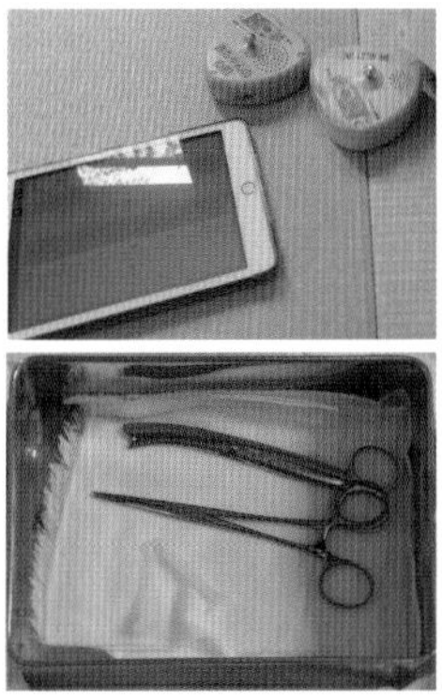

お産当日の仕事

陣痛《じんつう》が始まると、連絡《れんらく》をうけて渡辺《わたなべ》さんが妊婦《にんぷ》さんの家にかけつけます。もう一人の助産師《じょさんし》さんと2人で対応《たいおう》します。「上の子どもがそばで遊んでいると、妊婦さんは気がまぎれていいんです」と渡辺さんは言います。数時間かかる分娩《ぶんべん》第１期をリラックスした雰囲気《ふんいき》の中で過《す》ごします。

分娩第２期になると、妊婦さんのお腹《なか》や腰の痛《いた》みは強くなります。リラックスどころではなくなります。家族みんなが、必死にがんばるお母さんを見守ります。

赤ちゃんは頭から出てきます。身体が全部出たら、お母さんの胸《むね》の上に。無事に生まれてみんながほっとする瞬間《しゅんかん》です。

赤ちゃんが出てきたあと、胎盤《たいばん》が出てくる「後産《あとざん》」があります。渡辺さんたちは手分けして、赤ちゃんの様子を見て、お母さんの後産やそのあとも問題がないか確認《かくにん》します。

赤ちゃんは生まれた瞬間から家族に囲《かこ》まれます。上の子たちも新しい家族を見つめます。

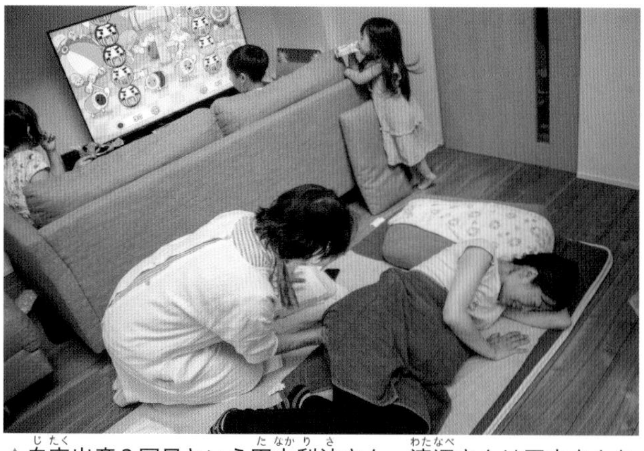

▲自宅《じたく》出産２回目という田中梨沙《たなかりさ》さん。渡辺《わたなべ》さんは田中さんとお腹《なか》の赤ちゃんのペースで出産できるように、様子を確認《かくにん》しながら寄《よ》り添《そ》います。

自宅出産《じたくしゅっさん》をした田中梨沙《たなかりさ》さんは、「家族みんなに見守られ穏《おだ》やかな気持ちで出産にいどむことができました」と振《ふ》り返《かえ》ります。

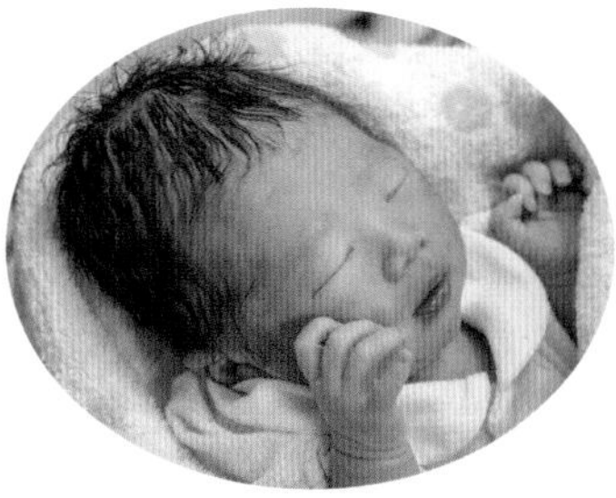

◀生まれたばかりの赤ちゃん。

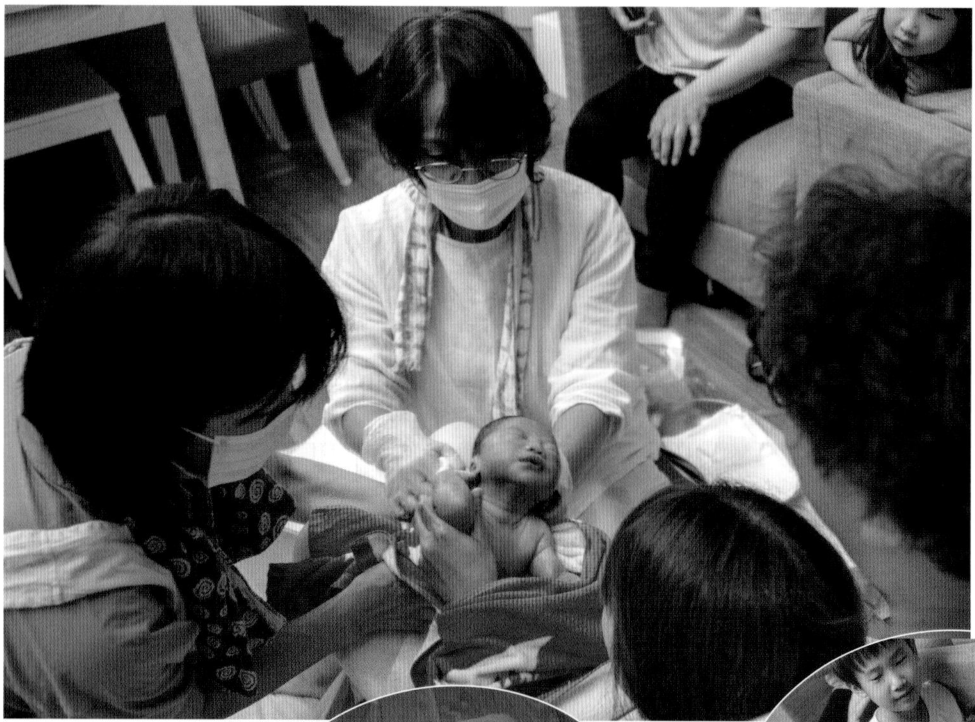

▲田中さんは、夫に身体を支《ささ》えられて無事出産。

（写真撮影:栗原美穂）

出産後も自宅《じたく》へ健診《けんしん》

渡辺《わたなべ》さんは、赤ちゃんが生まれたあとも、お母さんのおっぱいのケアや赤ちゃんの健康チェック、授乳《じゅにゅう》の仕方などの指導《しどう》も行います。このとき、お母さんたちはお産のときに感じたことを、たくさん話してくれるそうです。渡辺さんも、「できるだけ正確《せいかく》に覚えておいてほしい」と、どんなお産だったか、たくさん話すそうです。

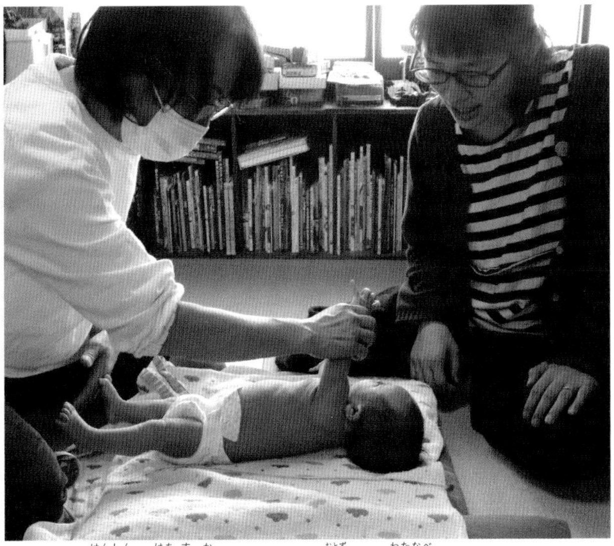

▲ 1カ月健診《けんしん》に蜂須賀《はちすか》さんの家を訪《おとず》れた渡辺《わたなべ》さん。家の中で赤ちゃんも安心しているようすです。（写真撮影:平山哲雄　右写真も）

今だからこそ安心して自宅《じたく》で産める

70年くらい前までは一般的《いっぱんてき》だった自宅《じたく》での出産ですが、現在《げんざい》の自宅出産は昔とは環境《かんきょう》や条件《じょうけん》などが違《ちが》います。

現在は各家庭に冷暖房《れいだんぼう》があり、上下水道も整備《せいび》されて、家の中は清潔《せいけつ》です。出産で助産師《じょさんし》が用いる器具は事前に消毒《しょうどく》して持っていきます。清潔な手袋《てぶくろ》もつけます。胎児心拍《たいじしんぱく》モニターなどの機器（13ページ写真）も使います。

万一異常《いじょう》があった場合は医療《いりょう》機関と連携《れんけい》して対応《たいおう》します。東京都では、2009年から緊急時《きんきゅうじ》に妊婦《にんぷ》さんを確実《かくじつ》に病院で受け入れるシステムが整備されて、より安心になりました。

「出産が個人《こじん》の問題から、社会全体で対応するものとしてしくみが整えられたから、今、安心して自宅出産することもできるようになったのです」と渡辺《わたなべ》さんは語っています。

（写真撮影:渡辺愛）

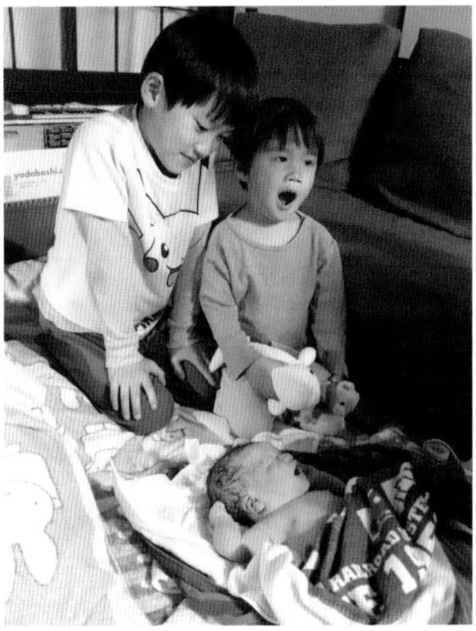

▲蜂須賀《はちすか》さんの今回のお産は夜でしたが、「自宅《じたく》だったので、子どもたちが無理なく立ち会えた」と蜂須賀さん。蜂須賀さんと赤ちゃんは出産の翌日《よくじつ》からつむぎ助産院に 3泊《ぱく》入院。身体を休めるとともに、母子の様子を渡辺《わたなべ》さんが見守りました。

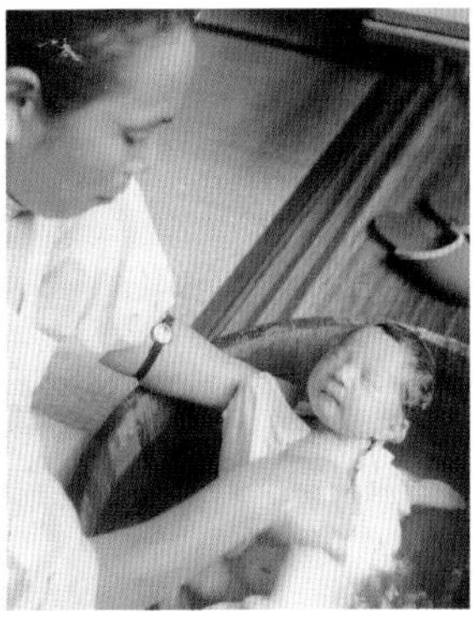

◀ 1950 年代ごろの自宅《じたく》での出産。助産師《じょさんし》が自宅に通って赤ちゃんをとりあげ､見守りました。

自宅《じたく》出産を選ぶ人が増《ふ》えている

2020年代、日本では病院で出産（分娩《ぶんべん》）する妊婦《にんぷ》さんがほとんどですが､近年､人数は少ないものの、自宅での出産を選ぶ人も増《ふ》えてきています。

新型コロナウイルスが感染拡大《かんせんかくだい》した2020年以《い》降《こう》は、病院での出産では家族の立ち会いができないことが多くなり、そのため自宅での出産を選ぶ人もいます。

遊具開発 だれにとっても楽しい遊具を！

──障《しょう》がいのあるなしにかかわらない遊具をつくる

公園などの遊具のメーカー、株式会社《かぶしきがいしゃ》コトブキ社員の北村美佳《みか》さんは、障《しょう》がいのある子どもも、ない子どもも、だれもが一緒《いっしょ》に遊べるインクルーシブ遊具を開発しています。

多くの公園にあるすべり台やジャングルジム、ブランコは身体的な障がいがある子どもには危険《きけん》だったり、遊べない場合が多いです。いわゆる発達障《はったつしょう》がいを持つ子どもが、他の子どもとトラブルになりやすいなどの困《こま》りごともありました。

障がいのない子どもたちだけが遊べるのではなく、どうすれば、どんな子どもも同じ遊びを一緒に楽しめるか、北村さんたちは工夫を重ねて遊具をつくっています。

＊発達障《はったつしょう》がい… 生まれつき見られる脳《のう》の働き方の違《ちが》いにより、幼児《ようじ》のうちから行動面や情緒面《じょうちょめん》に特徴《とくちょう》がある状態《じょうたい》。

◀「モーグルヒル」。すべり台の幅《はば》が広いので、順番待ちをしなくても思い思いに滑《すべ》ることができます。光を通す素材《そざい》でつくられていて、滑り台の下は、たくさんの人がいる場所でパニックになりやすい子どもがクールダウンできるスペースとしても使えるようになっています。

原寸大《げんすんだい》の試作品で安全性《あんぜんせい》を検証《けんしょう》、実証実験も

遊具には、国土交通省の指針《ししん》にそったきびしい安全基準《きじゅん》があります。指をはさんでしまうようなすき間がないか、胴体《どうたい》だけ入って頭が抜《ぬ》けなくなるようなところがないか、落ちたり飛《と》び降《お》りたりしたときに危険《きけん》がないかなど、実際《じっさい》の大きさの試作品をつくって検証《けんしょう》します。

インクルーシブ遊具の場合は、それに加えて実際にさまざまな障《しょう》がいを持つ子どもに遊んでみてもらって、保護者《ほごしゃ》からの意見を聞くなどの実証実験も行っています。

▲車いすで途中《とちゅう》までのぼったり、車いすから遊具に乗《の》り移《うつ》りやすいようにつくられています。

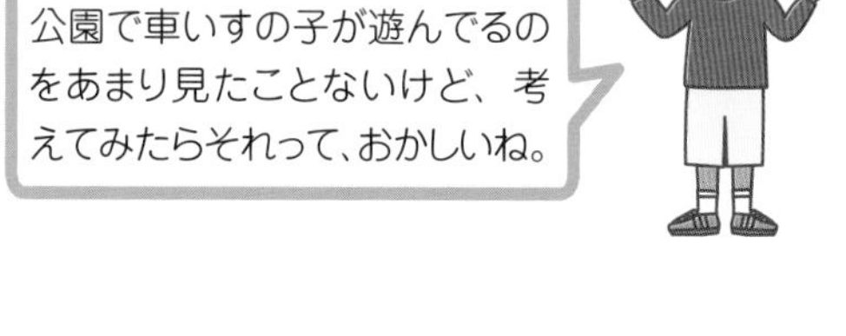

安全性《あんぜんせい》と面白さの両立をめざす

北村さんは以前、車いすに乗っている子も遊べるように、長いスロープ付きの遊具をつくったことがあります。しかし、スロープばかりで遊べる部分が少なく、だれにとっても楽しい遊具にはならなかったそうです。

そんな経験《けいけん》から、北村さんは、障《しょう》がいの有無にかかわらず、子どもたちが楽しく遊べるような遊具をつくる、という難《むずか》しい課題にチャレンジしています。

▲「オムニスピナー」。中で座《すわ》る子どもと、外で回す子どもの役割分担《やくわりぶんたん》がある遊具です。あまり早く回らない構造《こうぞう》で安心感があります。車いすから乗《の》り降《お》りしやすい形で、背《せ》もたれがあるので、座った姿勢《しせい》を保《たも》ちにくい子どもも楽しめます。寝《ね》そべることもできます。

子どもどうしのつながりを生みだす工夫

同じ遊びを一緒《いっしょ》に楽しむだけでなく、その場で子どもどうしのかかわりが生まれる工夫も北村さんがこだわっていることのひとつです。今、学校をはじめ社会の中で障《しょう》がいのある子どもと障がいのない子どもが接《せっ》する機会は多くありません。

でも、障がいの有無にかかわらず、みんなが社会を構成《こうせい》しています。当たり前のように、お互《たが》いにかかわりを持ちながら遊ぶ経験《けいけん》をしていけば、将来《しょうらい》、だれ一人置きざりにしない社会を一緒になってつくっていけるはず。そんな思いが北村さんにはあります。

▲「3連サポートつきブランコ」。ブランコの鎖《くさり》をしっかり持つ力がない子どもや、すぐに手を放してしまう子どもも、他の子どもと一緒《いっしょ》にブランコを楽しむことができます。

「段違《だんちが》いの砂場《すなば》」。車いすの子は車いすに乗ったまま、車いすが必要ない子は立って、一緒《いっしょ》に砂遊びができます。段差がついているのは、砂を移動《いどう》させるなど、子どもたちどうしのコミュニケーションが生まれやすいしかけでもあるそうです。

(写真提供:株式会社コトブキ)

スクール運営 海外ルーツの子どもを応援《おうえん》したい！
──質《しつ》の高い日本語教育でサポートする

（写真提供:YSCグローバル・スクール）

日本には海外から来て日本語が十分にわからず、困《こま》っている子どもたちがたくさんいます。田中宝紀《たなかいき》さんは、学生時代に友だち何人かと始めたNGOでの経験をベースに、2010年、海外にルーツを持つ子どもたちに日本語を教える「YSCグローバル・スクール」を立ち上げました。それ以来、毎年120名以上の子どもたちに支援《しえん》を届《とど》けています。

田中さんたちは、「だれ一人取り残さない」ために、「学校に行くために日本語を学びたい」「高校進学を目指して入試対《たい》策《さく》をしたい」「安心できる居場所《いばしょ》がほしい」「日本社会で支《ささ》えあえる仲間が欲《ほ》しい」など、海外ルーツの子どもたちが必要としている、さまざまなニーズにこたえています。

＊ NGO… Non-Governmental Organization の略《りゃく》。非政府組《ひせいふそ》織《しき》。環境《かんきょう》問題、難民支援《なんみんしえん》や開発途上国《かいはつとじょうこく》の援助《えんじょ》など、多くの分野で政府《せいふ》とは関係なく活動する民間団体《だんたい》のことです。

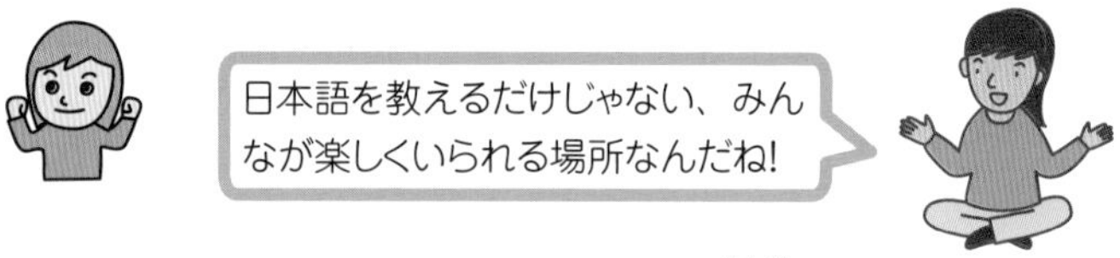

◀ YSC グローバル・スクールでは高校進学準備《じゅんび》クラスで海外ルーツの子どもたちの高校進学をサポートしています。

田中さんの原点は、フィリピンでの高校生活

小学校のころからいじめを受けるようになった田中さん。高校になっても学校になじめなかったことから、お父さんのすすめでフィリピンの田舎《いなか》のハイスクールに入学しました。日本の生活とはかなり違《ちが》う環境《かんきょう》の中、言葉も何もわからない田中さんを、同級生たちがいつもかまってくれて、あちこちの家でご飯を食べさせてくれたり、近所の人も何かと世話を焼いてくれて、一人でいる時間がないくらいだったそうです。

田中さんが海外ルーツの子どもをサポートするのは、このとき田中さんが経験《けいけん》したように、日本の社会の中で外国のルーツを持つ子どもたちに「一人じゃない」と知って欲《ほ》しいからだといいます。

▲フィリピンのハイスクールに通っていたころの田中さん。このときの体験が今の活動の原点にあるそうです。

（写真提供:YSCグローバル・スクール）

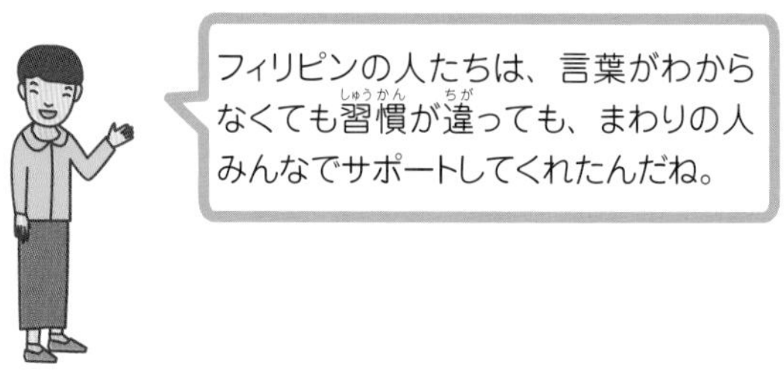

日本語を学ばなければ勉強についていけない

文部科学省の調査《ちょうさ》によると、2018年、公立学校に「日本語指導《しどう》を必要とする児童生徒」が5万人以上《いじょう》（そのうち外国籍《がいこくせき》の子どもは約4万人）いて、その５人に１人が学校でなんの支援《しえん》も受けられていないことがわかりました。

子どもは学校に行って日本語に触《ふ》れていればそのうちわかるようになる、と思われがちですが、10代になってから日本に来た場合では難《むずか》しいことが多い、と田中さんは言います。

また、学習する内容《ないよう》は学年があがるごとに難しくなっていきます。海外から来た子どもたちは、学習に必要な日本語力を身につけるための日本語の学習も必要なのです。

海外ルーツの子どもが進学をあきらめなくていいように

YSCグローバル・スクールは、月～金曜日、9：00～19：00の間にたくさんのクラスを開講《かいこう》しています。すべてプロの先生が教えています。

東京都の福生《ふっさ》市と足立区に教室があります。遠くにいる子どもが参加できるように、オンラインでも受講《じゅこう》できます。

海外ルーツの子どもたちの高校進学率《しんがくりつ》は70%（日本人の子どもはほぼ100%）ですが、YSCグローバル・スクールで学んだ子どもたちの高校進学率はほぼ100%。海外ルーツの子どもが進学をあきらめなくてもいいよう、田中さんたちはサポートしています。

▲ YSCグローバル・スクールで学ぶ仲間たち。

日本語がわかっていても、勉強がどんどん難《むずか》しくなるよ。そのうえ難しい日本語も同時に勉強しないといけないって…

…すごく苦労しているんだね。

©Yuichi Mori

田中さんが子どもたちに聞くと、90%の子どもたちが今後もずっと日本に住む予定なんだって。
同じ社会の一員として教育の機会を確《かく》保《ほ》するためには、外国籍《がいこくせき》の子どもも、義《ぎ》務《む》教育の対象《たいしょう》にすることが必要だと田中さんたちは訴《うった》えているんだよ。

©Yuichi Mori

▶オンラインで参加している全国各地の生徒たちとも一緒《いっしょ》に授業《じゅぎょう》を進めます。

教材開発 性暴力《せいぼうりょく》被害《ひがい》をゼロに！

──トイレットペーパーを性教育《せいきょういく》の教材に

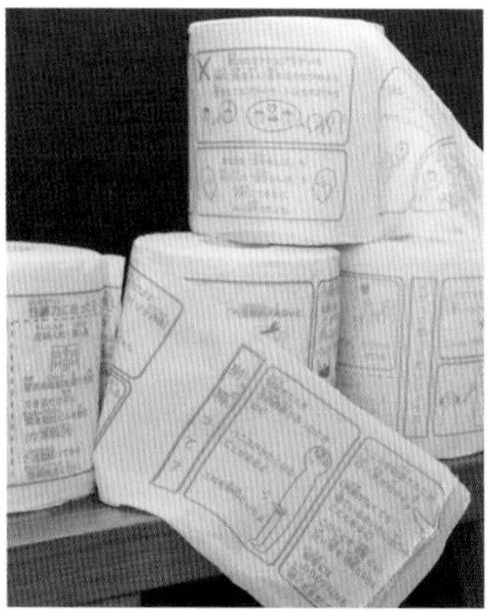

性《せい》はだれにとっても大切なことですが、かたよったイメージや間《ま》違《ちが》った情報があふれているのが現状《げんじょう》です。鶴田七瀬《つるたななせ》さんは、子どもたちに性にかんする正しい知識《ちしき》を伝えるために、トイレットペーパーを教材にすることを考えつきました。性的なことを「はずかしい」と思ってしまうのは当たり前のこと。だから、人の目を気にせずに一人で見ることができるように、大切な知識を印刷したトイレットペーパーをつくりました。

ユネスコの国際《こくさい》セクシュアリティ教育ガイダンスをもとに、医師《いし》や専門家《せんもんか》の監修《かんしゅう》のもと月経《げっけい》、射精《しゃせい》、受精《じゅせい》、妊娠《にんしん》など身体のしくみや、プライベートゾーンや性的同意、性の多様性など、性暴力《せいぼうりょく》の被害者《ひがいしゃ》にも加害者にもならないための情報《じょうほう》が、かわいいイラストを使って印刷されています。

＊プライベートゾーン…プライベートゾーンとは、体の中の自分だけの大切なエリアのことで、口と水着を着たときに隠《かく》れるところです。ほかの人に見せたり触《さわ》らせてはいけません。また、他の人のプライベートゾーンを見たり触ったりしてもいけません。

▲プライベートゾーンは「体のだいじなところ」としてイラストになっています。

(写真撮影:KickoffPlus)

◀性教育《せいきょういく》トイレットペーパーは小学１年生以上向けです。４種類あります。大人向けの「伝え方ガイドブック」もセットで買うことができます。

◀鶴田《つるた》さんが代表をつとめる一般社団法人《いっぱんしゃだんほうじん》ソウレッジでは、学校に行く前の子どもたちがプライベートゾーンについて学べる「プラベ」というカードゲームや、高校生以上大人も使える「ブレイクすごろく」（成長過程《かてい》で直面する性にかんする悩《なや》みをたどる）もつくっています。

(写真提供:Sowledge)

SDGs ゴール４ 質の高い教育をみんなに
SDGs ゴール５ ジェンダー平等を実現しよう

政策提言

「どんな性《せい》でも、フェア」に

——LGBT《エルジービーティー》にかんする情報《じょうほう》発信や政策《せいさく》を提言《ていげん》

一般社団法人《いっぱんしゃだんほうじん》fair代表理事で自身がゲイであることを公表している松岡宗嗣《まつおかそうし》さんは、性的《せいてき》マイノリティがフェア（公正）に生きられる社会にするために、雑誌《ざっし》やウェブメディアに記事を書いたり、テレビなどに出演《しゅつえん》して政策《せいさく》や法制度《ほうせいど》を中心とした性的マイノリティにかんする情報《じょうほう》を発信しているほか、学校などの教育機関や企業《きぎょう》、自治体で性の多様性に関する研修《けんしゅう》や講演《こうえん》など積極的に活動しています。

性的《せいてき》マイノリティとは

LGBT《エルジービーティー》はL＝レズビアン（女性同性愛者《じょせいどうせいあいしゃ》）、G＝ゲイ（男性《だんせい》同性愛者）、B＝バイセクシュアル（両性愛者《りょうせいあいしゃ》）、T＝トランスジェンダー（出生時に割《わ》り当《あ》てられた性別と自認《じにん》する性が一致《いっち》しない人）のことで、性のあり方が典型的《てんけいてき》でない性的マイノリティの人たちをさす言葉として使われています。

恋愛《れんあい》や性的な関心がどの性に向いているか＝「性的指向」と、自分の性をどう認識《にんしき》しているか＝「性自認」の英語の頭文字ををとって「SOGI（ソジ）」という言葉が使われることもあります。

▲自民党《じみんとう》議員による「ＬＧＢＴ《エルジービーティー》は種の保存《ほぞん》に背《そむ》く」などの差別発言に対して、撤回《てっかい》と謝罪《しゃざい》を求める松岡さんたち。

現在《げんざい》も困難《こんなん》に直面している性的《せいてき》マイノリティ

長い間人間の歴史《れきし》の中では、性別《せいべつ》は男女の２つであることを前提《ぜんてい》に、シスジェンダー（生まれた時に割《わ》り当《あ》てられた性別に違和感《いわかん》がない）、異性愛《いせいあい》（恋愛《れんあい》や性的な関心が女性《じょせい》は男性《だんせい》、男性は女性に向く）が、「正常《せいじょう》」だとされてきました。そのため、性的マイノリティの人は、偏見《へんけん》や差別に苦しんできました。現在《げんざい》でも、根強い偏見が残っていて、生活するなかでさまざまな困難《こんなん》に直面しています。

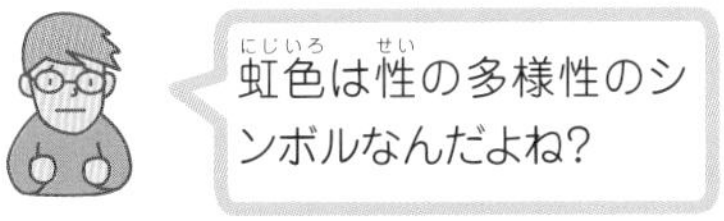

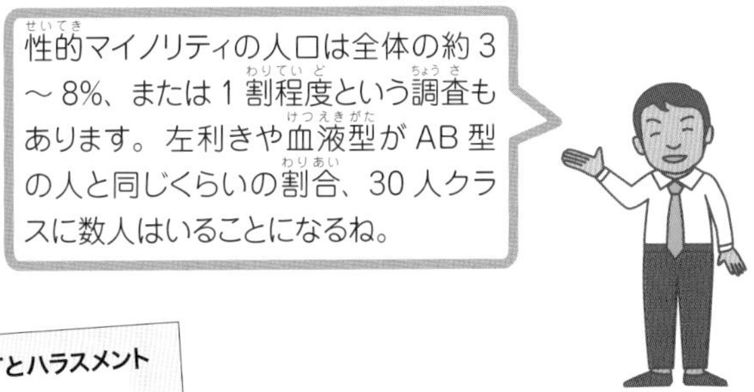

▶松岡さんは、「LGBT《エルジービーティー》法連合会」の事務局《じむきょく》長の神谷悠一《かみやゆういち》さんと共同で『LGBTとハラスメント』（集英社新書）という本を書きました。

主に働く場での性的《せいてき》マイノリティにかんするよくある勘違《かんちが》いを紹介《しょうかい》して、LGBTについての理解《りかい》を深めるための本です。

（写真提供:fair）

自立した女性《じょせい》を育てるための出版《しゅっぱん》と教育

羽仁《はに》もと子は、自由学園の創立者《そうりつしゃ》であることから自由主義《しゅぎ》教育をめざした教育者として知られていますが、明治から大正の時代にかけて女《じょ》性《せい》の権利《けんり》向上のために活発に活動した女性たちのうちの一人でもあります。

女性に学問は不要だといわれた時代、小学校を卒業したあとも英語塾《えいごじゅく》に通い、さらに祖父《そふ》に頼《たの》みこんで上京して女学校で勉強を続けました。明治女学校で経験《けいけん》した校正や雑誌編集《ざっしへんしゅう》のアルバイト、女中という下層《かそう》女性労働者の経験、男性《だんせい》募集《ぼしゅう》の求人に応募《おうぼ》して獲得《かくとく》した新聞社の校正係、そして女性記者時代の取材や記事執筆《しっぴつ》。もと子の体当たりの選択《せんたく》によるさまざまな経験は、すべてその後の家庭雑誌の創刊《そうかん》や女学校の創立事業に生きることになりました。

若《わか》き日のもと子は、一度郷里《きょうり》の八戸《はちのへ》に帰って

小学校の教師《きょうし》や結婚《けっこん》と離婚《りこん》を経験しています。再度《さいど》東京に出てきたのは自分のすべき仕事がいまだ見極められなかったからでしょう。その後のもと子は、自身の経験からつかみとった「女性の地位向上のために自立した女性を育てること」いう理想に向かって、次々《つぎつぎ》と新しい仕事を選択《せんたく》し道を切り開いていったのです。

▲初等部もできて生徒数が増《ふ》えた自由学園は 1934年に東京の郊外《こうがい》に移転《いてん》しました。アメリカ人建築家《けんちくか》フランク・ロイド・ライトの設計《せっけい》した創立《そうりつ》時の校舎《こうしゃ》は、「明日館《みょうにちかん》」と呼《よ》ばれ、国の重要文化財《じゅうようぶんかざい》として保存《ほぞん》されています。（写真提供:フォトライブラリー）

映画館経営 みんなで一緒《いっしょ》に映画《えいが》を楽しみたい！

――ユニバーサルシアターをつくる

目が不自由な人も、耳が不自由な人も、車いすの人も、小さな子どもづれの人も、だれもがいつでも安心して映画《えいが》を楽しむことができる映画館をつくりたい、と平塚《ひらつか》千《ち》穂《ほ》子《こ》さんは、2016年にユニバーサルシアターをオープンさせました。

目が見えなくても、耳が聞こえなくても、少しのサポートがあれば映画を楽しむことができます。でも、一般的《いっぱんてき》な映画館ではなかなかそうはいきません。「映画館は『行きたい』と思ったときに行ける場所のはず」と、思った平塚さんは、いままでなかった映画館をつくって、新しい映画、古い映画とりまぜて上映を続けています。

（左上）入り口。（左下）映画館《えいがかん》の中の「チュプキの樹《き》」の葉っぱには、映画館設立《せつりつ》のために募金《ぼきん》した人の名前が書かれています。（右）森の中をイメージしたシアター。

「チュプキ」とはアイヌ語で、月や木洩《こも》れ日などの「自然の光」という意味。「普《ふ》通《つう》」というものさしがなければ、みんな違《ちが》うのが当たり前。だれもが「自然の光」という意味がこめられているんだって。

ボランティア活動から映画館開設《えいがかんかいせつ》

映画《えいが》が大好きで、映画に人生を救《すく》われたという平塚《ひらつか》さん。あるとき、「今劇場《げきじょう》公開している映画を観たい」という視覚障《しかくしょう》がい者の声に接《せっ》したことから、「目の見えない人にも映画を伝えたい！」と、2001年にボランティア団体《だんたい》を立ち上げました。手探《てさぐ》りで映像《えいぞう》を言葉で解説《かいせつ》する「音声ガイド」をつくり、目の不自由な人たちと一緒《いっしょ》に映画を楽しむ活動をしていました。

そのうちに、「自前の映画館をつくりたい！」という夢《ゆめ》を持った平塚さん。せっかくつくるなら、耳の不自由な人や車いすの人、子育て中のお母さんなども安心して映画を楽しめる劇場《げきじょう》をつくりたいと、クラウドファンディングで資金《しきん》を募《つの》って、日本で初めてのユニバーサルシアター「シネマ・チュプキ・タバタ」を東京都北区に誕生《たんじょう》させました。

（写真提供:シネマ・チュプキ・タバタ）

どうやって ユニバーサルに？

目の不自由な人も、耳の不自由な人も、車いすの人も、人がいっぱいいるところが苦手な子も、小さな子どもづれの人も、だれもが一緒《いっしょ》に映画《えいが》を楽しめるように、たくさんの工夫があります。

・映像《えいぞう》を言葉で解説《かいせつ》する音声ガイドをイヤホンで聞けます。目が不自由でも大丈夫《だいじょうぶ》です。

・耳が聞こえにくい人はイヤホンで映画の音を大きくして聞くこともできます。

・日本映画でも字幕《じまく》付きで上映するので、耳が不自由でも映画を楽しめます。

・車いすのスペースは見やすい場所にあって、入口、トイレもバリアフリーです。

・小さな部屋（親子鑑賞《かんしょう》室）があるので、人が大勢《おおぜい》いるところが苦手な子どもも安心して映画を観ることができます。小さな子どもづれの人も安心です。

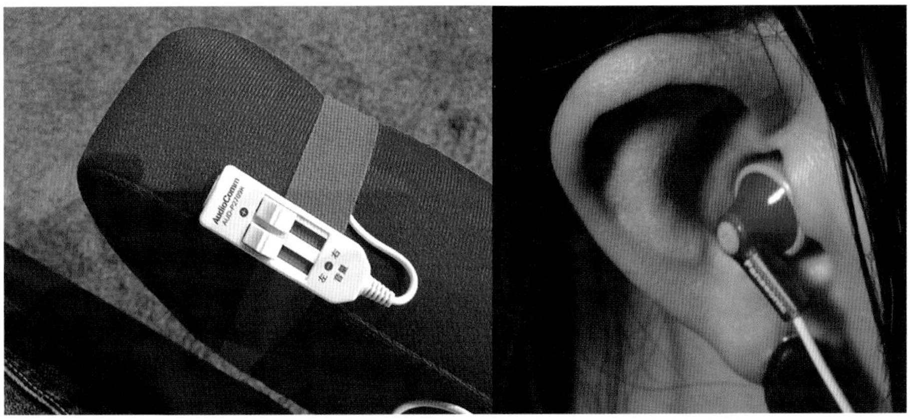

◀音声ガイドのコントローラーは全ての座席《ざせき》についています。
音声ガイドはイヤホンで聞きます。イヤホンでは映画《えいが》の音量の調節もできるので、耳が聞こえにくい人にも便利です。

▲「抱《だ》っこスピーカー」を使うと、映画《えいが》の音を振動《しんどう》で感じることができます。

▲完全防音《ぼうおん》の親子鑑賞室《かんしょうしつ》。赤ちゃんが泣き出したり、小さな子どもがぐずっても、ほかのお客さんに気兼《きが》ねすることなく映画《えいが》が楽しめます。たくさんの人がいるところや、暗い場所が苦手な人、友だちとおしゃべりしながら映画を見たい人など、だれでも利用できます。

バリアフリーと ユニバーサルデザイン

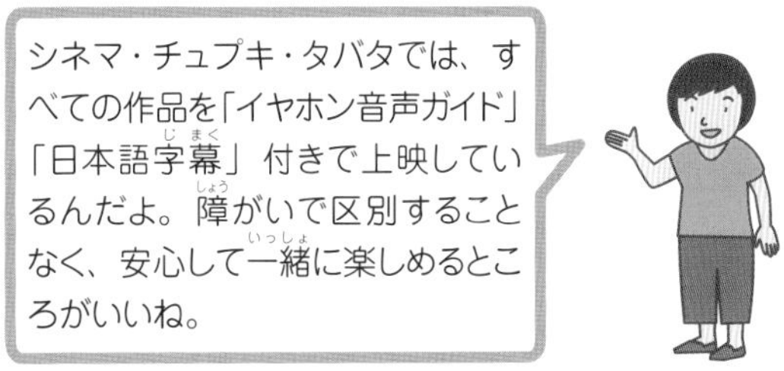

平塚《ひらつか》さんはシネマ・チュプキ・タバタを「ユニバーサルデザイン」という言葉から、「ユニバーサルシアター」だとしてます。

「ユニバーサルデザイン」と似《に》た言葉に「バリアフリー」があります。バリアフリーとは、障《しょう》がいのある人やお年寄《としよ》りが社会生活をしていく上で障壁《しょうへき》（バリア）となるものを取《と》り除《のぞ》くことを意味しています。それに対してユニバーサルデザインは、はじめから、だれにでも使いやすいように設計《せっけい》することです。

平塚さんは、障がいのある人もない人も一緒《いっしょ》に映画《えいが》を楽しめる劇場《げきじょう》として、「ユニバーサルシアター」という言葉を使っているのです。

キュレイター 普段《ふだん》の感覚をゆさぶれ！

——障《しょう》がい者と楽しむことをプロデュース

フリーランスのキュレイター、田中みゆきさんは、障《しょう》がいをアートの視点《してん》からとらえた企画《きかく》を手がけてきました。義足《ぎそく》のファッションショー（2014年）、出演者《しゅつえんしゃ》全員が視覚障《しかくしょう》がい者のパフォーマンス（17年）、全盲《ぜんもう》の男性《だんせい》が映画《えいが》を撮《と》る過程《かてい》をまとめた映画『ナイトクルージング』（19年公開）、視覚以外で“観る”ダンス（17～19年）、音だけで楽しめるゲーム（17年～）などです。

田中さんは、障がいのある人もない人も、ゲームやダンスなど共通のものをともに楽しむ場をつくることを通して、健常者《けんじょうしゃ》と障がい者の互《たが》いの見方や固定観念をゆさぶることを心掛《こころが》けているそうです。

キュレイターとは、展《てん》覧会《らんかい》やパフォーマンスなどの企画《きかく》・運営《うんえい》をする人のことだよ。

(左上)「大爆走《だいばくそう》！オーディオレーシング」は「ガイドメロディ」を頼《たよ》りに、レーシングカーを走らせます。
(右上)「幽霊《ゆうれい》のいる部屋」は話しかけてくる声や、音響《おんきょう》からストーリーを進めてプレーします。
(下)「スクリーミング・ストライクneo」は敵《てき》の来る方向を音で聞き分け、ドラムをたたいてやっつけます。

音だけで楽しめるゲーム

全盲《ぜんもう》のゲームクリエイターと健常者《けんじょうしゃ》のデザイナーや研究者によるチームで、音だけで遊ぶゲームをつくりあげました。

「スクリーミング・ストライク」はヘッドフォンをつけて、３つの方向から迫《せま》ってくるオーディオエネミー（敵《てき》）の足音を聞き分けて、コントローラーでタイミングをあわせて倒《たお》します。ほかの２つのゲームも音だけで楽しめるようになっています。

音だけでつくられたゲームを遊ぶことは、視覚《しかく》に障《しょう》がいのない人にとって、いつもとは違《ちが》う空間の認識《にんしき》の仕方に気づく体験にもなります。田中さん自身も、これらのゲームをつくる過程《かてい》で、音の響《ひび》きから空間の構造《こうぞう》を予測《よそく》したり、ものの存在《そんざい》を認識したり、音の持つ情報《じょうほう》の豊《ゆた》さに改めて気づいたそうです。

(写真提供:Ginza Sony Park Project)

これ、やってみたいな! 夏にやるスイカ割《わ》りともちょっと似《に》てるね。

製品開発

社会の当たり前を変えたい！

──自分らしくいられる部屋着のようなショーツを開発

（©Ryuta E.）

2021年２月、大学生の江連千佳《えづれちか》さんは、「I _ for ME(アイフォーミー)」というブランドを立ち上げ、「“おかえり”ショーツ」を発売しました。

女性《じょせい》向けの下着は身体を締《し》めつけるものが多いことに疑問《ぎもん》を持ったことが始まりでした。江連さんたちが20～30歳《さい》代の300人の女性に聞くと47％の人が、「ショーツによる締めつけや、かゆみ、蒸《む》れなどのトラブルに悩《なや》んだ経験《けいけん》がある」という結果でした。

そこで、デザイナーの野村華花《のむらはるか》さんとともに試作を重ね、余《よ》裕《ゆう》のあるデザインで通気性《つうきせい》がいい、部屋着のようなショーツを開発したのです。

「“おかえり“ショーツ」という名前には、家にいるときだけでも、そのままの自分になってほしいという願いがこめられているそうです。

▲“おかえり”ショーツ。
コットン 100% で通気性《つうきせい》のいい生地を使用しています。

（©Kanako Yamaguchi 左の写真も）

私《わたし》は、“わたし”のために

江連《えづれ》さんの会社は「次の時代を生きる女性《じょせい》へ、“わたし”らしくある自由を届《とど》ける」を目標としていて、「I _ for ME 」というブランド名には、「私は、“わたし”のために」という意味がこめられています。

一般的《いっぱんてき》な下着には、「女性の体形はこうあるべき」「下着はかわいいほうがいい」などの、社会が持つ「女性らしさ」が反映《はんえい》されています。多くの女性が「それ以外の選択肢《せんたくし》がない」「それが普《ふ》通《つう》だから」と、そういう下着を選んでいます。

そうではなく、自分の心地よさ、健康のために下着を選ぶ。そんな、“わたし”想いな行動が、社会の“当たり前”を塗《ぬ》り替《か》えていくと、江連さんは信じています。

締《し》めつける下着が普通《ふつう》って、考えてみたらヘンだけど、それが「普通」だから、ヘンだってなかなか気がつかないんだね。

◀生産を引き受けてくれる縫製《ほうせい》工場は、数十件《けん》以上電話をかけて、ようやく見つかりました。

（写真提供:工房千駄ヶ谷社）

製品開発 開発途上国《かいはつとじょうこく》に清潔《せいけつ》なトイレを！

――簡易式《かんいしき》トイレと手洗《てあら》い用のキットを開発

ユニセフ（国連児童基金《ききん》）によると、安全で衛生的《えいせいてき》なトイレが使えない人は2020年の時点で世界で約36億人にのぼり、そのうち4億9,400万人はトイレがなく屋外で排泄《はいせつ》しています。石山大吾《いしやまだいご》さんはLIXIL《リクシル》というトイレなどを製造《せいぞう》・販売《はんばい》する会社の社員として、このような人たちが使える開発途上国《かいはつとじょうこく》向け簡易《かんい》式《しき》トイレシステム「SATO《サトー》」を開発しました。

安く簡単《かんたん》に設置《せっち》することができるだけでなく、少しの水で排《はい》泄物《せつぶつ》を流すことができて、その便器の底の弁《べん》が閉《と》じるので、悪《あく》臭《しゅう》や病気を媒介《ばいかい》する虫を防《ふせ》ぐことができる衛生的なトイレです。2013年以降《いこう》、41カ国で2500万人以上の衛生環境改善《えいせいかんきょうかいぜん》に役立てられています（2021年4月時点。「SATO」1台につき、利用者5人として）。

▲子どもでも安全に使え、簡単《かんたん》に流すことができます。

▲清潔《せいけつ》なトイレがより健康で安全な地域《ちいき》づくりにつながります。

SATO《サトー》のしくみ

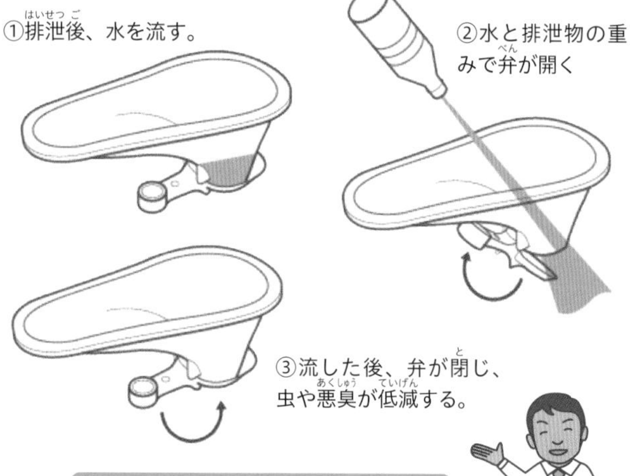

衛生的《えいせいてき》で安全なトイレがないと……

排泄物《はいせつぶつ》にふくまれる細菌《さいきん》によって、下痢《げり》などを引き起こすこともあり、命にかかわることがあります。

また、女の子や女性《じょせい》が屋外で排泄《はいせつ》に行くときや排泄中に嫌《いや》がらせや性暴力《せいぼうりょく》にあう危険《きけん》も深刻《しんこく》です。アフリカの女の子の10人に１人は、トイレがないという理由で生理中は学校を休んだり、退学《たいがく》してしまうというユニセフの報告《ほうこく》もあります。

トイレの問題は、衛生《えいせい》・健康だけでなく、ジェンダーの問題でもあります。

手洗《てあら》い用のキットを開発

2020年、世界中で新型《しんがた》コロナウイルスが流行し始めました。手洗いは感染防止《かんせんぼうし》に重要ですが、衛生的《えいせいてき》な手洗いが実践《じっせん》できない人々《ひとびと》がいることを石山さんは知っていました。そこで、感染防止に有効《ゆうこう》な手洗いができる簡単《かんたん》なキット「SATO《サトー》 Tap《タップ》」を開発しました。

すでに現地《げんち》にある、使い終わったペットボトルに水を入れて取り付けるだけで使えます。バーを手首（腕《うで》）で押《お》すと、ちょろちょろと水が出て、少量の水で手を洗《あら》うことができます。蛇口《じゃぐち》と違《ちが》い、洗ったあとに同じ場所を触《さわ》らないので、感染対策《たいさく》に効果的な手洗いができます。

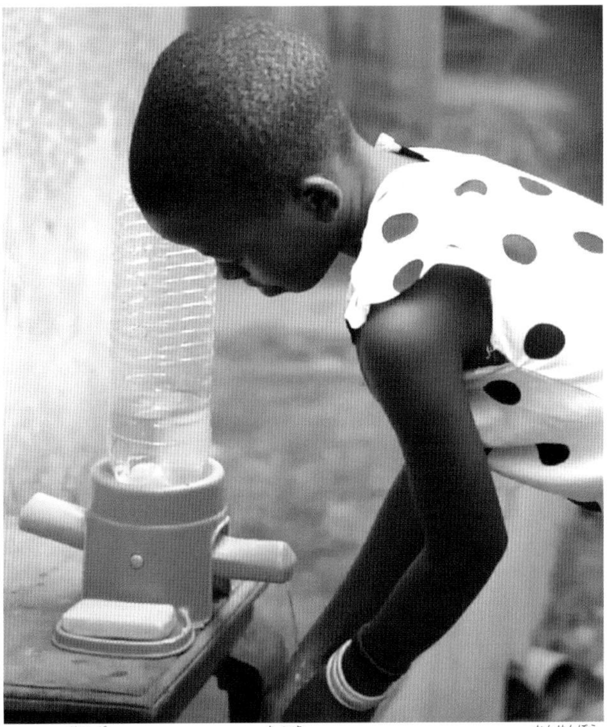

▲水道設備《せつび》が整っていない地域《ちいき》でも、コロナウイルスの感染防《かんせんぼう》止《し》のための手洗《てあら》いができるように、開発の目標の１つは水を一《いっ》滴《てき》たりとも無駄《むだ》にしないことでした。

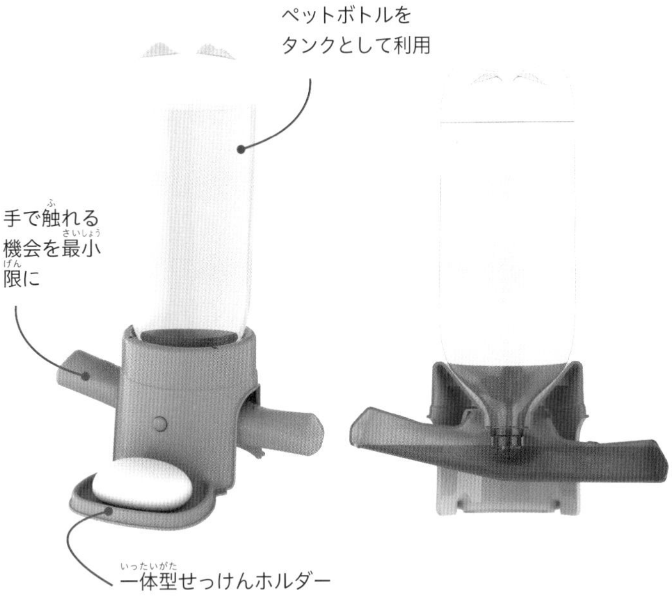

▲ペットボトルを活用した手洗《てあら》いステーション「SATO Tap《サトータップ》」小型《こがた》で設置《せっち》場所も選ばず、持ち運びも簡単《かんたん》。釘《くぎ》などで固定することも可能《かのう》なので、公共の施設《しせつ》にも設置可能です。

環境《かんきょう》に適《てき》した技術《ぎじゅつ》を生み出したアイデア

石山さんは、６歳《さい》の息子さんがお風呂《ふろ》で、底にいくつか穴《あな》の空いているオモチャに水を入れて、ちょろちょろと水を流して遊んでいるのを見て、「水圧《すいあつ》をコントロールできれば同じような水の出方がつくれる」と思い付いたそうです。そして、バーの中に水が溜《た》まる構造《こうぞう》にして、最適《さいてき》な水量が出てくるように実験を重ねました。

また製造《せいぞう》方法も現地《げんち》で容易《ようい》にできる方法を選び、短期間でより多くの人々《ひとびと》にSATO《サトー》 Tap《タップ》を届《とど》けることを可能《かのう》にしました。

安全な水を使える割合《わりあい》

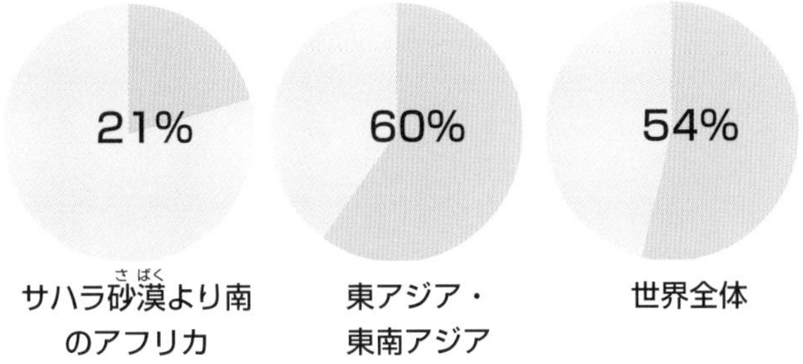

（2020年　ユニセフ）

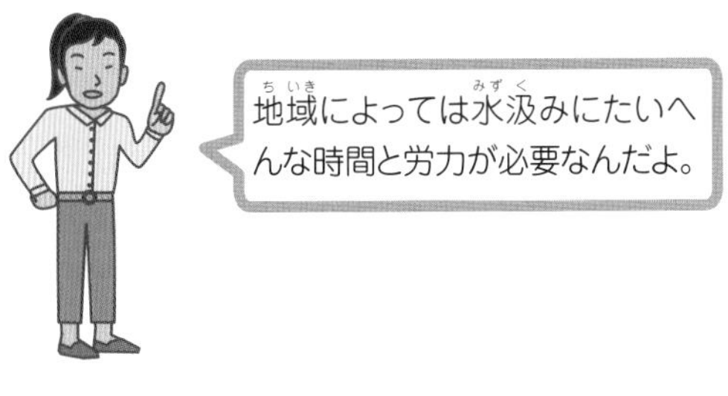

（写真・図版提供:株式会社LIXIL）

「だれもが押《お》し寄《よ》せるところならだれかが行く。だれも行かないところでこそ、われわれは必要とされる」

中村さんの活動はパキスタンでの医療《いりょう》活動から始まります。その後、パキスタンとアフガニスタンで行われた中村さんの活動は、医療活動や食糧《しょくりょう》配給にとどまらず、基地《きち》病院の開設《かいせつ》、井《い》戸掘《どほ》り事業や用水路建設《けんせつ》、干《かん》ばつで砂漠化《さばくか》した土地を緑の農地として復興《ふっこう》させて持続可能《かのう》な農業を定着させる事業などさまざまです。どの事業も、中村さんの呼《よ》びかけに応《こた》えた日本の人々《ひとびと》の資金援助《しきんえんじょ》に支《ささ》えられながら、農村回復《かいふく》を願う大勢《おおぜい》の地元の人々の手で行われてきました。その事業は、現在《げんざい》も日本からの支援《しえん》とアフガニスタンの人々の努力によって継続《けいぞく》されています。

中村さんの仕事は、だれかから依頼《いらい》をうけたものでも、用意されていた職場《しょくば》でもなく、自ら率先《そっせん》して取り組んだ仕事でした。

摂氏《せっし》50度の中、ガンベリ砂漠《さばく》に防砂《ぼうさ》・防風林《ぼうふうりん》の造成《ぞうせい》（2009年）

（写真提供:PMS（平和医療団·日本）　右の写真も）

緑の大地となったガンベリ砂漠《さばく》を背《せ》にした中村哲医師《なかむらてついし》（2019年）

SDGsのゴールから 未来の仕事を 考えてみよう

「だれ一人取り残さない社会」をつくる仕事には、どんなものがあるのでしょう。よりよい社会をつくりだす仕事とは、どんなことなのでしょう。そんな未来の仕事を考えるうえで指針《ししん》となる（方向を示《しめ》してくれる）のが、いま世界で取り組んでいる「SDGs（持続可能《かのう》な開発目標）」です。SDGsのことは、あなたも学校で聞いたことがあるでしょう。もっとくわしく知りたければ、この本の最後に解説《かいせつ》（資料《しりょう》）があるので読んでみてください。

これまでのページでは、SDGsのゴール１から６にかかわる先進的な仕事を取り上げました。次のページからは、未来に向かってさらに発展《はってん》した仕事を考えてみました。それぞれのゴール達成に役立つ仕事を、あなたも考えてみましょう。

ゴール１ 貧困《ひんこん》をなくそう

ゴール1の目標は、すべての人が衣食住に苦しむことなく人間らしい生活を送れる社会の実現《じつげん》です。

ゴール２ 飢餓《きが》をゼロに

ゴール2の目標は、農業の生産性《せいさんせい》を高め、世界中のだれもが栄養のある食事をきちんととれる社会をめざします。

ゴール 3 すべての人に健康と福祉《ふくし》を

ゴール3の目標の第一歩は、病気や栄養不足で失われる幼《おさな》い子どもと危険《きけん》な出産で亡《な》くなる母親をなくすことです。

ゴール 4 質《しつ》の高い教育をみんなに

ゴール4の目標は、世界中の子どもたちが無《む》償《しょう》で小学校・中学校で学べるようにし、職業《しょくぎょう》につけるような教育を充実《じゅうじつ》させることです。

ゴール 5 ジェンダー平等を実現《じつげん》しよう

ゴール5の目標は、あらゆる場所で女性《じょせい》への差別・不平等・暴力《ぼうりょく》をなくすことです。

ゴール 6 安全な水とトイレを世界中に

ゴール6の目標は、世界中のだれもがきれいな水を飲め、トイレを利用できる社会の実現《じつげん》です。

ビル型《がた》農《のう》園《えん》管《かん》理《り》士《し》

地球温暖化《おんだんか》の影響《えいきょう》で農作物の収穫高《しゅうかくだか》や産地も変わっていきます。過密化《かみつか》した都市部に住む人々《ひとびと》は食料不足になるかもしれません。この絵は、都市のビルがまるごと農園になった様子を描《えが》いたものです。屋上や屋根には太陽光パネル、雨水浄化槽《じょうかそう》があり、ビルの上部から農業用水が落ちさらに循環《じゅんかん》します。

屋内での栽培《さいばい》は、災害《さいがい》や気候変動による影響《えいきょう》を受けにくいので食料危機《きき》への備《そな》えとなります。人々《ひとびと》はくらしに近い場所で取れた新鮮《しんせん》な農作物を食べることができ、農作物を遠くから運ぶことがないので、運搬《うんぱん》のためのエネルギーの削減《さくげん》にもつながっています。ビル型農園管理士《がたのうえんかんりし》は、光や水、肥料《ひりょう》の管理、ロボットによる畑の管理や収穫《しゅうかく》をコントロールします。

SDGs ゴール 2 飢餓をゼロに
SDGs ゴール 11 住み続けられるまちづくりを

農作業ドローンパイロット

気候変動の影響《えいきょう》で気象災害《きしょうさいがい》が今後も増《ふ》えてくることが予測《よそく》されています。また農業人口が減少《げんしょう》し経験《けいけん》のある農家が減《へ》ってきています。その中で、農作物の収穫高《しゅうかくだか》の安定や高品質化《こうひんしつか》を行うために、AI（人工知能）による診断《しんだん》やドローンなどを使った農作業が考えられています。

キーワード **ドローン**　遠くから操縦《そうじゅう》できる小型《こがた》無人機。方向・高さ・速度・カメラなどをコンピューターでコントロールするため扱《あつか》いが簡単《かんたん》。

SDGsゴール2 飢餓をゼロに
SDGsゴール12 つくる責任つかう責任

脳波《のうは》スピーチトレーナー

コンピューター処理《しょり》技術《ぎじゅつ》が発達することで、脳波《のうは》信号を調べて音声をつくりだす技術も発達します。脳波スピーチトレーナーは、ろうあ者や脳梗塞患者《のうこうそくかんじゃ》など、ことばが話せない人々《ひとびと》のコミニュケーションを助けます。

脳波《のうは》を調べれば、考えていることが、わかるんだね。

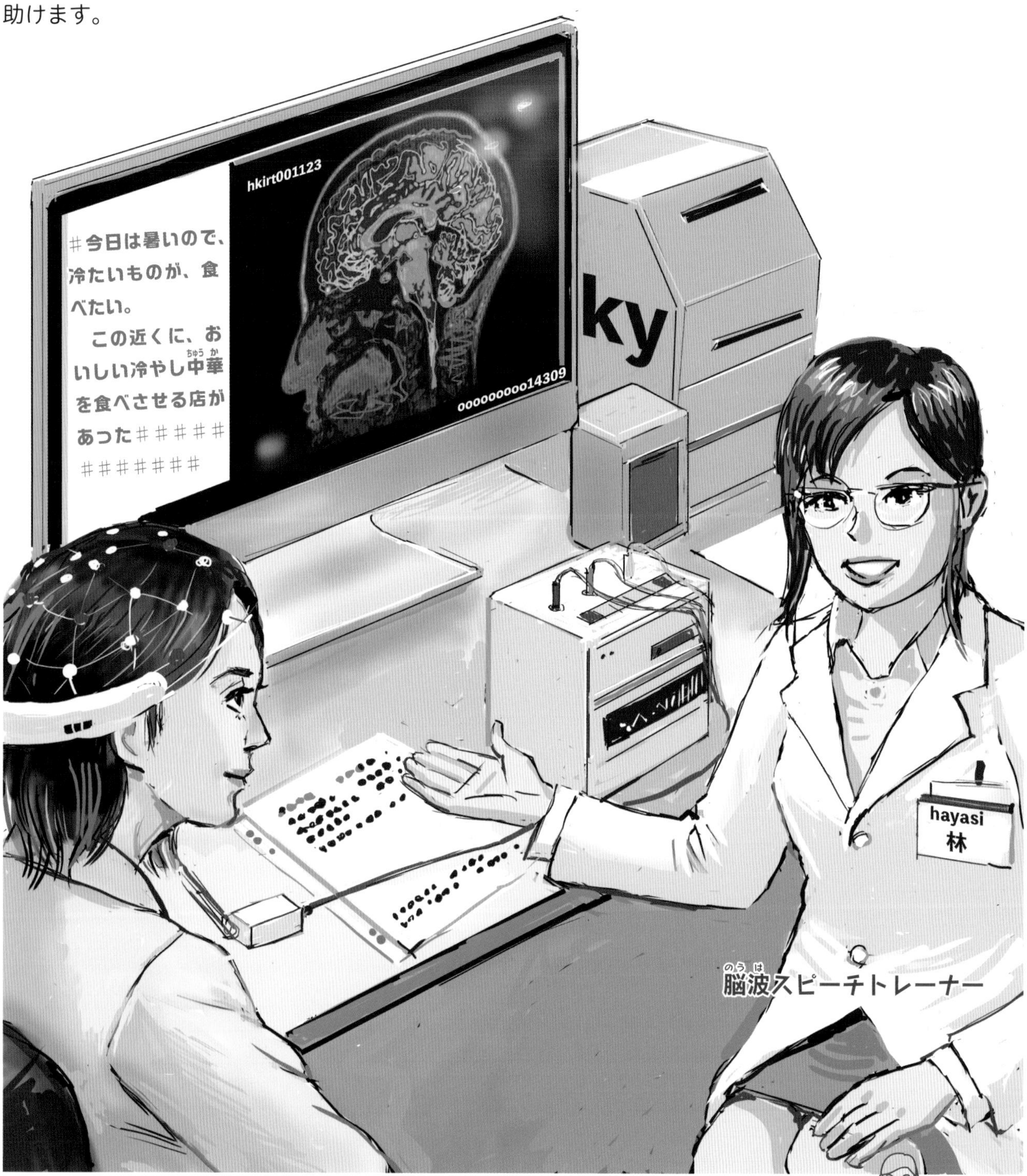

〔想像図〕

この技術《ぎじゅつ》がさらに発展《はってん》し、将来《しょうらい》は小型《こがた》の脳波《のうは》音声装置《おんせいそうち》ができ、ろうあ者や病気で発声機能《きのう》を失った人などがそれぞれ持ち歩けるようになるかもしれません。

この技術《ぎじゅつ》が進めば、世界中の人々《ひとびと》とコミニュケーションがとりやすくなるね。

SDGs ゴール3 すべての人に健康と福祉を

長寿《ちょうじゅ》マネージャー

2030年に、日本の高齢者《こうれいしゃ》（65歳《さい》以上）の人口は総《そう》人口の３割《わり》を大きくこえます。長寿《ちょうじゅ》マネージャーは、高齢者が豊《ゆた》かにくらすことができ、また社会性《しゃかいせい》を持って生活できるための支援《しえん》を行います。コミニュケーション能力《のうりょく》は、AIでは代わりができないような能力です。現在《げんざい》のケアマネージャー（介護専門《かいごせんもん》員《いん》）より支援《しえん》の幅《はば》をひろげた長寿マネージャーは、今後必要とされる仕事となっていきます。

〔想像図〕

病院（ホスピタル）クラウン

クラウンは、サーカスや遊園地などでショーをやる道化師《どうけし》のことです。病院クラウンは、病院に行って、入院している子どもたちにパフォーマンスを楽しんでもらいます。日本の合計特殊出生率《ごうけいとくしゅしゅっしょうりつ》（1人の女性《じょせい》が一生に産む子どもの数）は1.34（2020年）と世界的に見ても低く、少子化問題が深刻化《しんこくか》しています。子ども一人一人が幸せに生きていくために、心のケアがますます必要になっていきます。

病院クラウン

楽しませながら、患者《かんじゃ》さんの様子の確認《かくにん》もしている。医師《いし》や看護師《かんごし》、教師《きょうし》、カウンセラーの資格《しかく》を持っているクラウンもいる。

病院クラウン

子どもたちに、カードマジックを教えている。

〔想像図〕

感染症《かんせんしょう》治療《ちりょう》移動式病院《いどうしきびょういん》

移動式病院《いどうしきびょういん》は、現在《げんざい》の救急車《きゅうきゅうしゃ》が発展《はってん》したものです。特に感染症患者《かんせんしょうかんじゃ》の治療《ちりょう》は、接触者《せっしょくしゃ》を少なくしなければなりません。移動式病院は隔離《かくり》できるので、感染症の治療に適《てき》しています。この絵の移動式病院の乗務員《じょうむいん》は医者、運転手、医療《いりょう》ロボットで構成《こうせい》されています。検査《けんさ》や治療は、全てロボットが行うので、医者や乗務員は患者に直に接《せっ》することはありません。

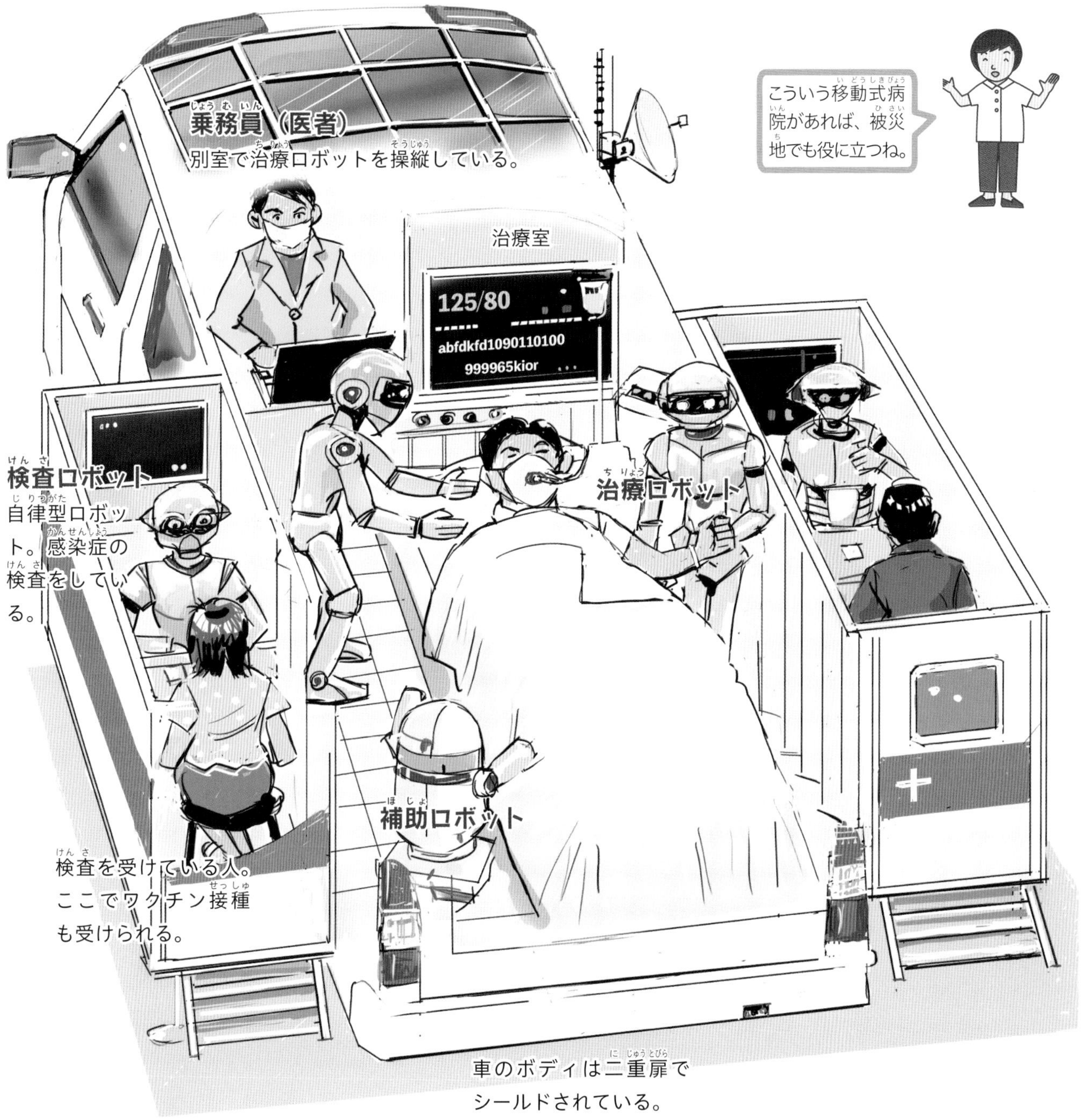

〔想像図〕

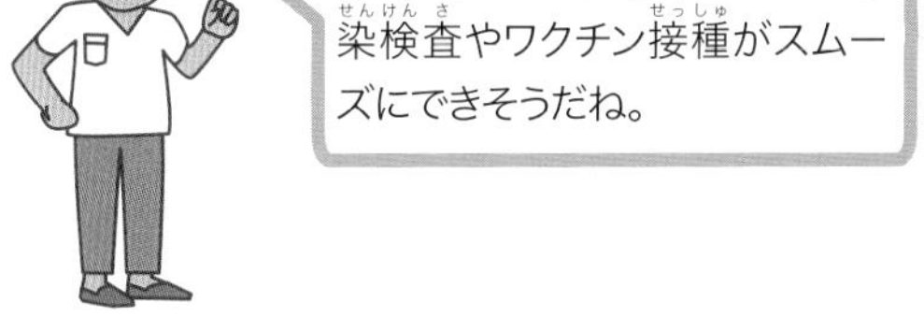

e-ラーニングチューター

インターネットがさらに発展《はってん》し、多量な情報《じょうほう》と鮮明《せんめい》な画像《がぞう》を、遠隔地《えんかくち》に住んでいる人や障《しょう》がいのある人なども得《え》られるようになります。e-ラーニングチューター（教員や指導員《しどういん》）はICT（情報通信技術《ぎじゅつ》）などを使って、すべての子どもたちが平等に教育を受けるための仕事をします。

キーワード e-ラーニング

インターネットや衛星《えいせい》通信などのICT（情報《じょうほう》通信技《ぎ》術《じゅつ》）を通じて、授業《じゅぎょう》を行ったり、番組を配信したりすること。eはelectronic（電子）、ラーニング（learning）とは学習すること。

〔想像図〕

手術《しゅじゅつ》ロボット操縦士《そうじゅうし》

現在《げんざい》、日本の地域《ちいき》、特に過疎地《かそち》では医師《いし》不足が深刻《しんこく》な問題となっています。インターネットによる診察《しんさつ》、ドクターヘリなどを使った患者《かんじゃ》の搬送《はんそう》などは行われています。しかし、遠隔地《えんかくち》から手術《しゅじゅつ》や治療《ちりょう》を行うことまではできていません。そういう中で、AIを使った手術ロボットで遠隔地で手術する技術の開発が行われています。この絵は、都会の操縦室《そうじゅうしつ》から地方の手術室の手術ロボットを使って遠隔地手術をしている様子です。

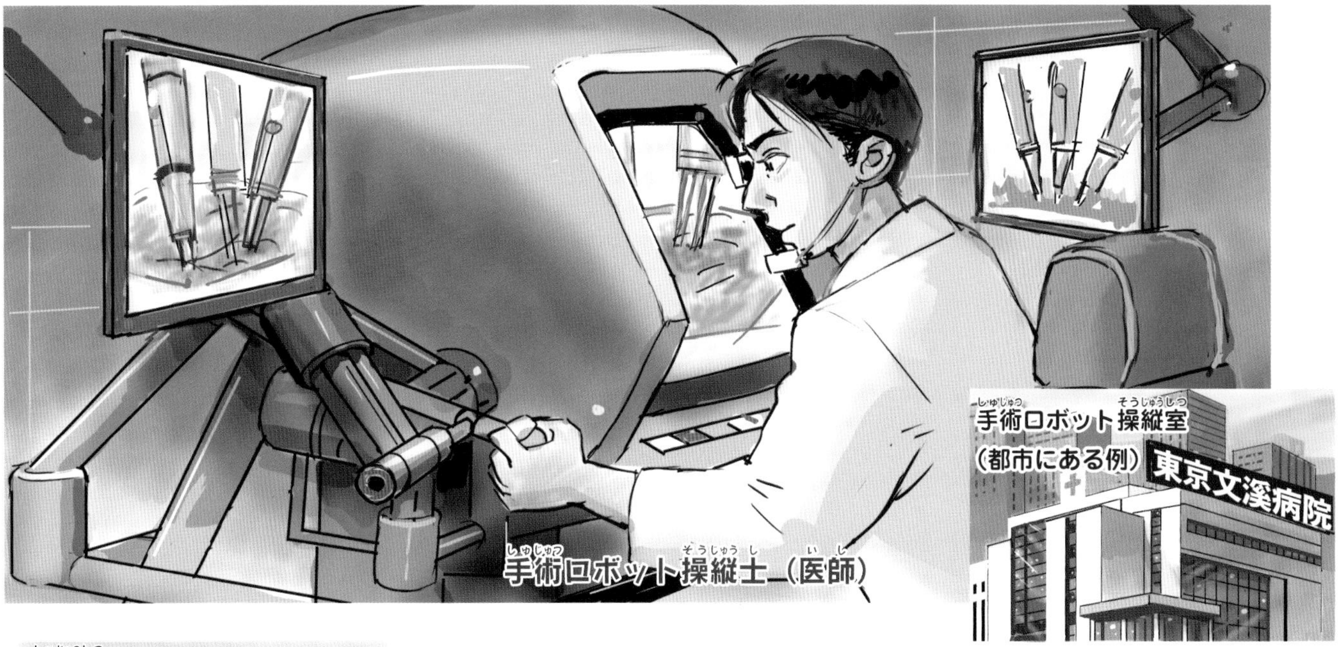

手術《しゅじゅつ》ロボットが執刀《しっとう》している。

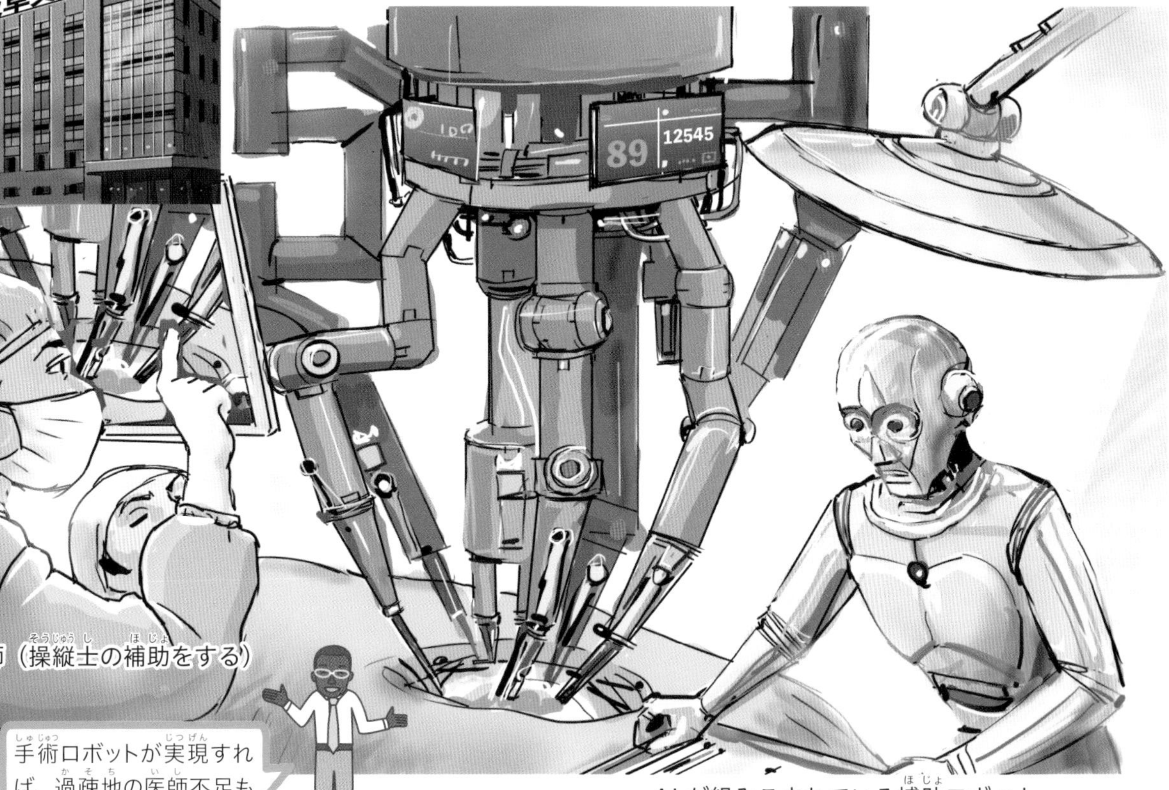

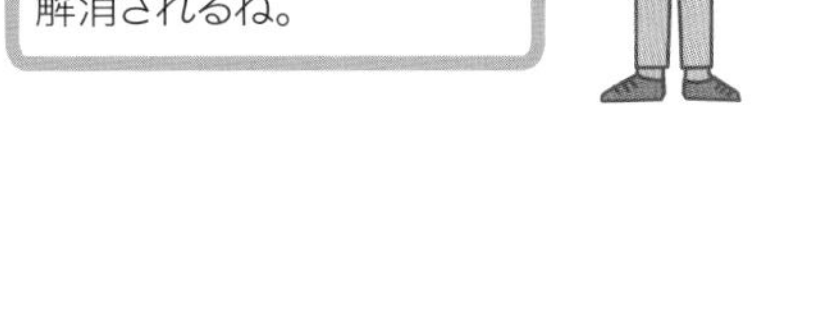

AIが組みこまれている補助《ほじょ》ロボット。看護師《かんごし》を補助する。

バリアフリーチェッカー

ふだんの生活で利用される街の施設《しせつ》やさまざまな機器などに不便などがないか、それを調べる仕事です。よりよいまちづくりのため行政機関《ぎょうせいきかん》や建築《けんちく》会社などから依頼《いらい》されます。その仕事は、データセンターに蓄積《ちくせき》され、まちづくりや機器の製作《せいさく》に活かされます。また、チェックの最中に、障《しょう》がい者や困《こま》っている人などを見かけたら、その手伝いもチェッカーの仕事となっています。

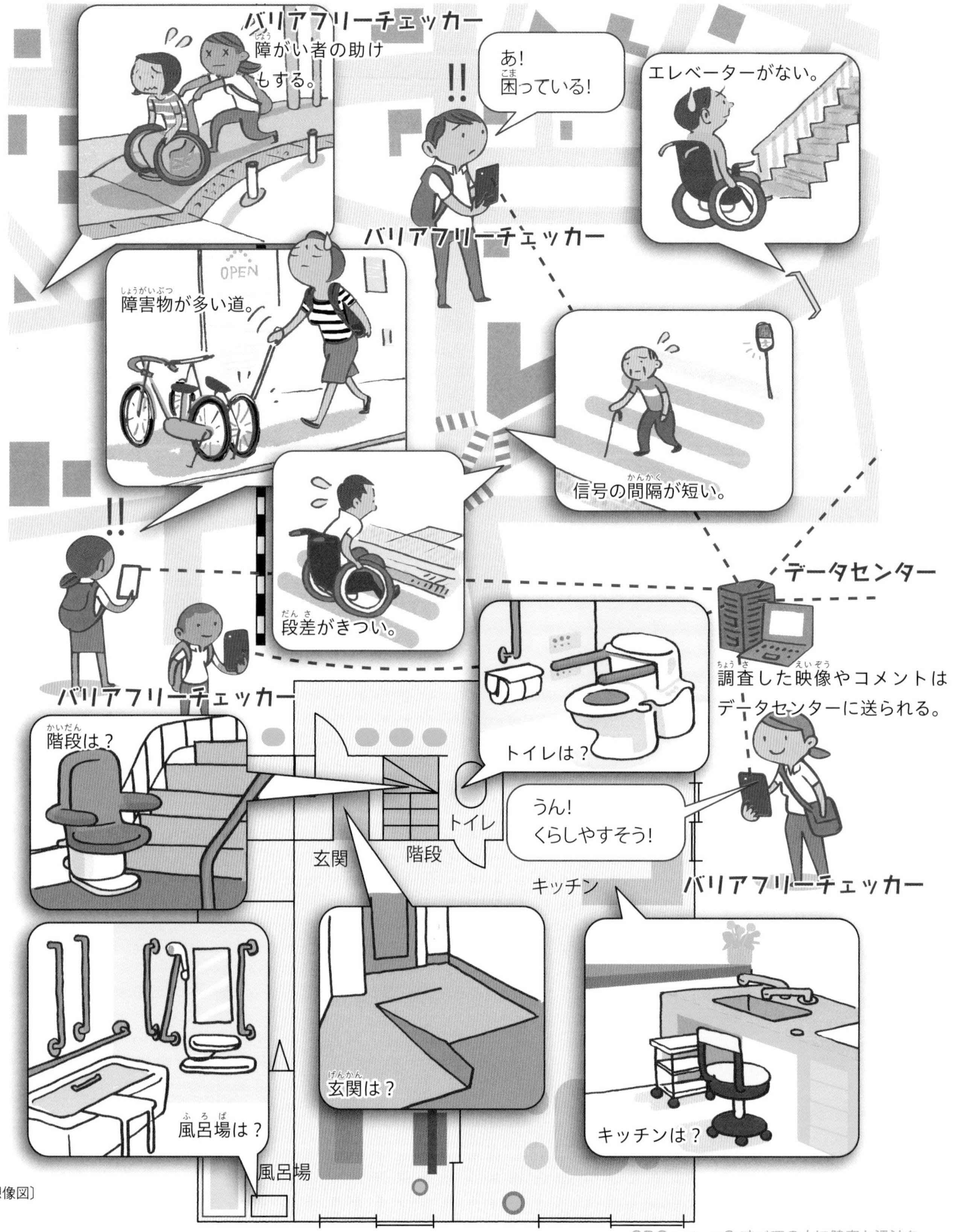

〔想像図〕

SDGs ゴール3 すべての人に健康と福祉を
SDGs ゴール11 住み続けられるまちづくりを

排水《はいすい》リサイクル研究者

日本は水資源《みずしげん》に恵《めぐ》まれていますが、今後の気候変動による干《かん》ばつ、少雨など、水不足の恐《おそ》れもあり持続可能《かのう》な水資源の確保《かくほ》は大きな課題です。家庭排水《はいすい》、工場排水の再生処理技術《さいせいしょりぎじゅつ》は進んできていますが、処理工程《こうてい》での二酸化炭素《にさんかたんそ》（CO_2）の排出《はいしゅつ》を制限《せいげん》できていません。この絵は、家庭で生まれる生活排水を家庭内で再生するシステムの研究、工場排水の再利用《さいりよう》を研究する排水リサイクル研究者を描《えが》いています。

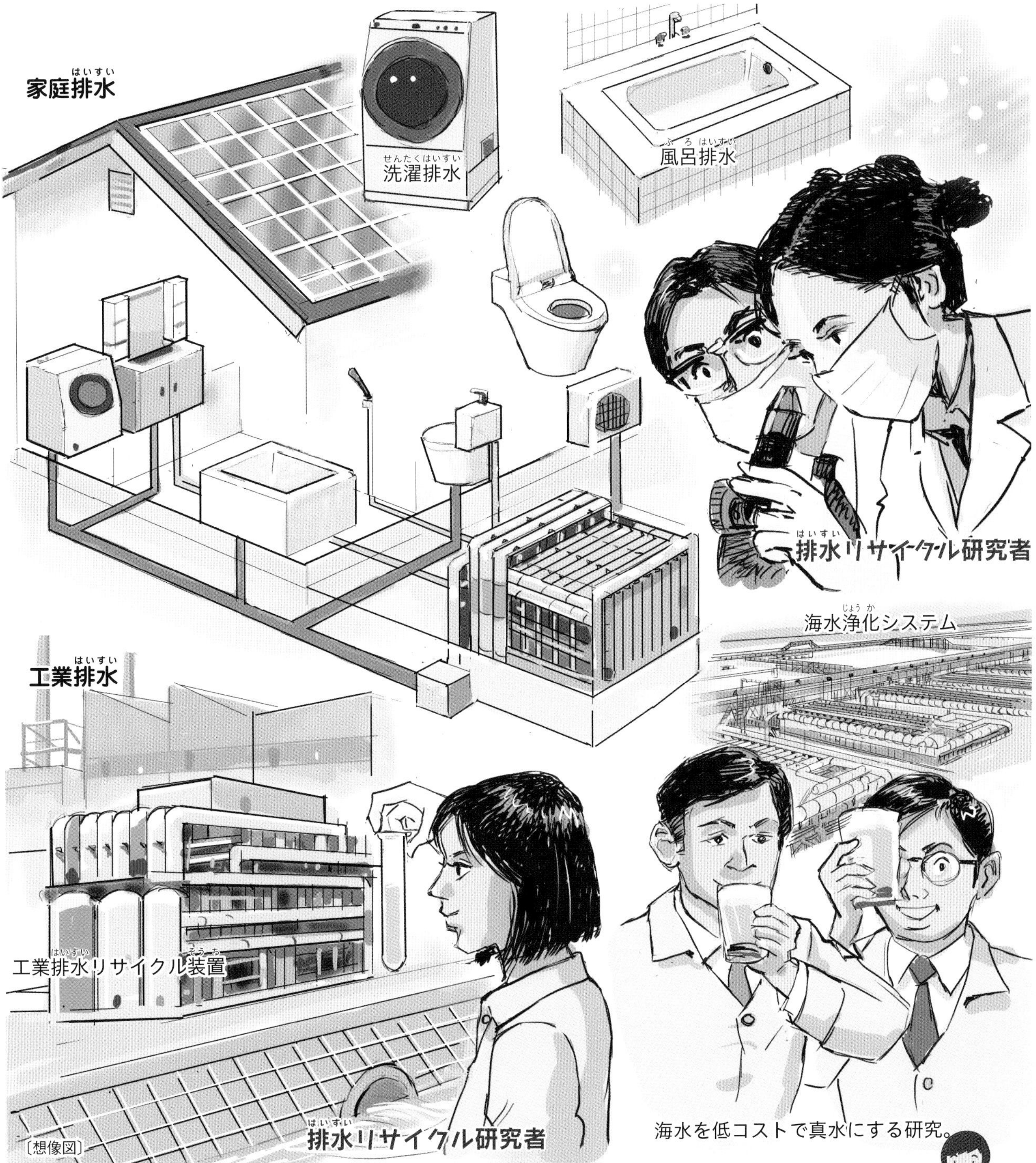

日本では、海水を真水にするシステムの開発は古くから行われています。しかし、建設《けんせつ》コストや電力コストがかかり、完全な普及《ふきゅう》にはいたっていません。海水を真水にする技術《ぎじゅつ》が低コストで確立《かくりつ》されれば、世界中の水不足が解消《かいしょう》されることでしょう。

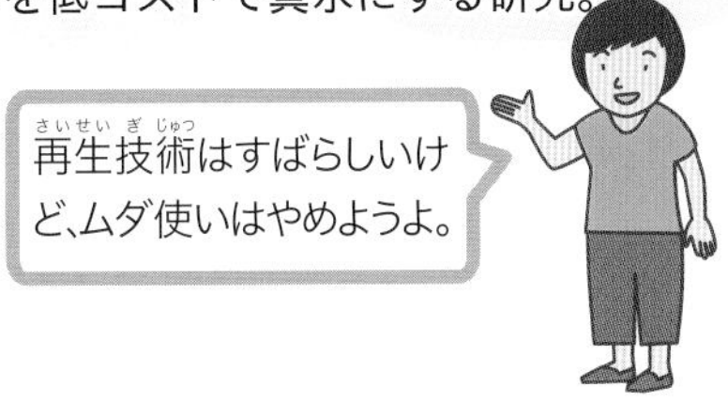

【資料《しりょう》】SDGs（持続可能《かのう》な開発目標）

2015年、国連で「持続可能《かのう》な開発のための2030アジェンダ」が採択《さいたく》されました。「アジェンダ」とは行動計画のこと。「2030アジェンダ」は、これまで国連が取り組んできた、環境《かんきょう》、貧困《ひんこん》、人権《じんけん》、開発、平和などの課題について、2030年までの解決《かいけつ》をめざして整理したものです。この「2030アジェンダ」のなかで、各分野の目標を具体的に定めたのが、「SDGs（Sustainable Development Goals）」＝「持続可能な開発目標」です。

SDGsは、17の「ゴール（大目標）」と169の「ターゲット（小目標）」からなっています。ゴールの1から15は「社会」「経済《けいざい》」「環境」の3分野の課題、ゴールの16と17は分野を横断《おうだん》する課題です。

「2030アジェンダ」は国際条約《こくさいじょうやく》ではないので、罰則《ばっそく》や強制力《きょうせいりょく》はありませんが、国連に加盟《かめい》するすべての国が全会一致《いっち》で決議した宣言《せんげん》です。

第《だい》1巻《かん》は、SDGsのゴール1からゴール6までにかかわる仕事を取り上げました。1から6までのゴールの内容《ないよう》は次のとおりです。

ゴール1 貧困《ひんこん》をなくそう

【主なターゲット】

ターゲット1.1　必要な最低限《さいていげん》の食べ物も手に入らない「極度の貧困《ひんこん》」を世界からなくす。

ターゲット1.2　各国はそれぞれの国で貧困状態《じょうたい》にある人を半分にする。

世界から貧困《ひんこん》をなくそうというのが、ゴール1の課題です。

アフリカやアジアには、飢餓《きが》や病気ととなり合わせの貧困状態《じょうたい》にある人が大勢《おおぜい》います。世界銀行は2020年、1日の生活費《せいかつひ》を1.90ドル（200円前後）以下でくらす「極度の貧困」とされる人は7億人を超《こ》えると発表しました（「貧困と繁栄《はんえい》の共有」）。世界の人口のおよそ9.1～9.4％にあたります。

ゴール1は、この極度の貧困を2030年までになくすとともに、世界各国が、相対的貧困の人を減《へ》らすように求めています。相対的貧困とは国民の平均的所得水準《へいきんてきしょとくすいじゅん》の半分以下でくらしている状態をさしています。

ゴール2 飢餓《きが》をゼロに

【主なターゲット】

ターゲット2.1　飢餓《きが》をなくし、だれもが安全で栄養のある食料を得《え》られるようにする。

ターゲット2.4　食物の生産量を増《ふ》やし、干《かん》ばつ・洪《こう》水《ずい》や気候変動に強い農業システムをつくる。

国連の発表では、2019年の世界には飢餓状態《きがじょうたい》で栄養不足に苦しむ人が約6億9000万人いるといいます（2020年版《ばん》「世界の食料安全保障《ほしょう》と栄養の現状《げんじょう》」）。ゴール2の課題は、あらゆる地域《ちいき》が必要な食糧《しょくりょう》を確保《かくほ》できるようにして、世界から飢餓状態、栄養不足の人を減《へ》らすというものです。

飢餓をなくすには、干《かん》ばつ・洪水《こうずい》や気候変動に強い農業システムをつくって食物の生産量を増《ふ》やすと同時に、食料が必要な場所に供給《きょうきゅう》されていない食料消費《しょうひ》の世界的不均衡《ふきんこう》を改めること、食品を大量に廃棄処分《はいきしょぶん》する先進国の食品ロスをなくすことが急がれています。

ゴール3 すべての人に健康と福祉《ふくし》を

【主なターゲット】

ターゲット3.1　出産時に亡《な》くなる母親の死亡率《しぼうりつ》を10万人あたり70人未満に減《へ》らす。

ターゲット3.2　新生児の死亡率を1000件《けん》中12件以下に、5才未満児の死亡率を1000件中25件以下にする。

ターゲット3.3　エイズ・結核《けっかく》・マラリアなどの伝染《でんせん》病をなくし、肝炎《かんえん》などの感染症《かんせんしょう》を減らす。

国連の世界保健機関《せかいほけんきかん》（WHO）によれば、最近は国際的《こくさいてき》な努力によって、開発途上国《かいはつとじょうこく》の子どもの死亡率《しぼうりつ》やエイズによる死亡者数などに改善《かいぜん》が見えてきているようです（2019年）。とはいえ世界ではまだ多くの人が、栄養不足、死なずにすんだ病気、安全でない出産によって命を落としています。ゴール3では、「だれ一人取り残すことなく」、すべての人が健康で安心してくらせる社会の実現《じつげん》をめざします。

後発開発途上国で高い、妊産婦《にんさんぷ》（赤ちゃんを産む女性《じょせい》）の死亡率や新生児（生まれたばかりの赤ちゃん）の死亡率を引き下げること、エイズ・結核《けっかく》・マラリアなどの伝染病《でんせんびょう》（感染症《かんせんしょう》）を撲滅《ぼくめつ》することなどが主な課題です。

ゴール4 質《しつ》の高い教育をみんなに

【主なターゲット】

ターゲット4.1　すべての子どもに無料で質《しつ》の高い初等教育・中等教育を。

ターゲット4.5　教育上のジェンダー格差《かくさ》をなくし、すべての人に必要な教育や職業訓練《しょくぎょうくんれん》を。

すべての人が平等に質《しつ》の高い教育を受けられるようにし、何歳《さい》になっても学習機会のある社会にしようというのがゴール4です。

2018年、国連児童基金《ききん》（ユニセフ）は、学齢《がくれい》期《き》にありながら紛争《ふんそう》や貧困《ひんこん》によって学校に通えていない子どもが、世界に約3億300万人いると発表しました。

南アジア・サハラ以南アフリカなどに多い、こうした子どもたちを減《へ》らすとともに、女性《じょせい》、障《しょう》がい者、少数民族、極度の貧困などを理由として教育の機会をうばわれている人をなくすことがゴール4の課題です。

ゴール5 ジェンダー平等を実現《じつげん》しよう

【主なターゲット】

ターゲット5.2　人身売買や性的《せいてき》取引など、女性《じょせい》や女の子へのすべての暴力《ぼうりょく》をなくす。

ターゲット5.3　女の子に強制《きょうせい》される結婚《けっこん》や体を傷《きず》つける慣習《かんしゅう》をなくす。

ターゲット5.5　あらゆる分野で女性が男性と平等に活躍《かつやく》できるようにする。

ジェンダーとは、生物学的な性別《せいべつ》のことではなく、長い歴史《れきし》のなかでつくられてきた「男らしさ」「女らしさ」のような社会的・文化的な性別のことです。ゴール5は、女性に対するあらゆる差別・暴力《ぼうりょく》・不平等をなくし、社会・職場《しょくば》・家庭などすべての場面で男女が平等である世界の実現《じつげん》を求めています。

世界経済《せかいけいざい》フォーラムが発表しているジェンダーギャップ（格差《かくさ》）指数によれば、2021年度の日本のランクは世界156カ国中120位でした。日本は、政治《せいじ》・経済《けいざい》分野での女性の不平等が大きい国です。ゴール5は、日本が緊急《きんきゅう》に取り組むべき課題です。

ゴール6 安全な水とトイレを世界中に

【主なターゲット】

ターゲット6.1　すべての人がいつでも安全で安い水を飲めるようにする。

ターゲット6.2　すべての人がトイレを利用できるようにする。とくに女性《じょせい》や子ども。

ユニセフの報告《ほうこく》によれば、世界の約20億人が安全でない水しか飲めない状態《じょうたい》にあり（2020年）、また約36億人が安全に管理されたトイレを利用できない状態にあります（2020年）。世界では、水道設備《せつび》（上水道と下水道）が整っていないために、毎日800人以上の乳幼児《にゅうようじ》が水に関係する病気で亡《な》くなっているといいます（2017年）。

ゴール6は、水をめぐる環境《かんきょう》を整備《せいび》・管理して、だれもがいつでも安全な水を飲め衛生《えいせい》的にくらせる社会をめざします。

さくいん

た

な

は

ま

や

ら

わ

著者：SDGsを実現する2030年の仕事未来図編集委員会

装幀
村口敬太（Linon）

装画
阿部行夫

本文デザイン
Noside

イラスト・漫画・図版
板垣真誠　Yamamoto Yukiko　松島りつこ　yuyuja

執筆・構成
市川はるみ　西戸山学　すずきしのぶ

企画・編集・制作
キックオフプラス（代表 小松亮一）

写真提供
カバー・表紙・本扉
表1：平山哲雄（上）、WASSHA株式会社（下）
表4：Yuichi Mori（左）、株式会社コトブキ（中央）、栗原美穂（右）
本扉：平山哲雄

SDGsを実現する2030年の仕事未来図

❶人を守る・楽しくさせる仕事

2021年11月　初版第1刷発行
著　者　SDGsを実現する2030年の仕事未来図編集委員会
発行者　水谷泰三
発行所　株式会社**文溪堂**

〒112-8635　東京都文京区大塚3-16-12
TEL　営業（03）5976-1515　編集（03）5976-1511
ホームページ　https://www.bunkei.co.jp

印刷・製本　図書印刷株式会社

ISBN978-4-7999-0424-4 NDC360 48p 293 × 215mm